上帝的智慧宫
哥伦比亚大学

王子安◎主编

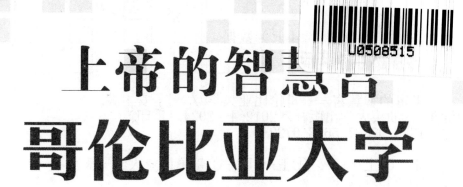

汕頭大學出版社

图书在版编目（CIP）数据

上帝的智慧宫——哥伦比亚大学 / 王子安主编. -- 汕头 : 汕头大学出版社, 2012.4（2024.1重印）
ISBN 978-7-5658-0722-0

Ⅰ. ①上… Ⅱ. ①王… Ⅲ. ①哥伦比亚大学—概况 Ⅳ. ①G649.712.8

中国版本图书馆CIP数据核字(2012)第066386号

上帝的智慧宫——哥伦比亚大学

主　　编：王子安
责任编辑：胡开祥
责任技编：黄东生
封面设计：君阅天下
出版发行：汕头大学出版社
　　　　　广东省汕头市汕头大学内　邮编：515063
电　　话：0754-82904613
印　　刷：河北浩润印刷有限公司
开　　本：710mm×1000mm　1/16
印　　张：11
字　　数：80千字
版　　次：2012年4月第1版
印　　次：2024年1月第2次印刷
定　　价：50.00元
ISBN 978-7-5658-0722-0

目录

独特文化

往事追忆

人文之光

科技之窗

星光无限

独 特 文 化

纽约的亲密朋友

哥伦比亚大学独有的气质显然得益于她所处的地理位置。学校最初的地产来自纽约曼哈顿岛上一所教堂的捐赠，后来以此为中心逐渐向四周扩展。19 世纪大量移民涌入美国，促进了美国经济的迅猛发展，纽

哥伦比亚大学

约也一跃成为美国经济文化中心和交通大枢纽。哥伦比亚大学利用天时、地利、人和的优势条件，占据了纽约市的黄金地段，久负盛名的洛克菲勒中心就曾一度是哥伦比亚大学的产业。位于“世界之都”的经济文化优势让哥伦比亚大学占尽风流：哥伦比亚大学的新闻学院、商学院、

法学院、医学院、教育研究生院在美国大学排行榜上均名列前茅，这些无不得益于纽约提供的众多机会。虽然纽约有交通杂乱、治安不佳、环境污染等问题，但是每年还是有大批学生谢绝了在偏远小镇的名校邀请而宁肯投奔哥伦比亚大学，当然哥伦比亚大学对于学生也特别挑剔，由此形成的良性循环，确保了哥伦比亚大学作为世界一流大学的地位。哥伦比亚大学因纽约而发展壮大，纽约则因哥伦比亚大学而更具魅力。

如今的哥伦比亚大学地处曼哈顿中城，毗邻举世闻名的纽约中央公园，百老汇大街穿过校区，每天都有无数精彩的歌剧在哥伦比亚大学耳边响起。在哥伦比亚大学的南边，还有世界上最大的哥特式教堂——圣约翰大教堂，是仅次于自由女神像的著名观光景点。哥伦比亚大学西北部有美国总统葛兰德的墓地。从哥伦比亚大学出发去自由女神岛、艺术家云集的格林尼治村、卡内基音乐厅、大都会博物馆、名牌荟萃的第五大道、有浓郁中国风情的唐人街，都不需要一个小时的路程。哥伦比亚大学校园虽然面积在常春藤盟校中最小，但也有山有林，环境幽雅，是纽约最著名的景点之一。

圣约翰大教堂

大都会博物馆

第五大道一景

哥伦比亚大学的确既有常春藤盟校的声望和教学质量，又坐落在世界上最为复杂的“人种试验室”——纽约市哈莱姆区。

在这里，学生们不仅得悉心钻研学术，也顺便学到做一个纽约人所必须具备的“街道机灵”。能让意见各异，争执不下的哥伦比亚大学的学生们一致首肯的唯一观点就是：“哥伦比亚大学是全国甚至是全世界大学中最棒的！”怪不得学生们骄傲地称哥伦比亚大学为“唯一的对真实世界开窗的象牙塔”。

哥伦比亚大学一景

对于哥伦比亚大学的学生来说，繁华、喧闹、光怪陆离的纽约市不仅是他们校园的所在地，而且还代表了他们学府的独特性格。哥伦比亚和纽约市是紧密相连，不可分割的。哥伦比亚大学的学生们热爱这个城市。对他们中间的许多人来说，不是别的，而正是纽约，才是他们在众多名校中选中哥伦比亚大学的最重要因素。在这里，那种只会死读书的书呆子是吃不开的。典型的哥伦比亚学生成熟、机智、理想化，却又有一种（用他们自己的话说）“纽约客的健康的怀疑主义”。刚进来学生，不出几个月，就会受到校园文化的熏陶。

哥伦比亚大学共有本科生 4400 多人，尽管它的本科生人数在美国名校中最少，但在共有 18000 多名学生的校园里，又身处纽约这个复杂的大染缸，它的气氛也不完全是温馨的，一般人仍很容易感到迷失和孤独。但是，哥伦比亚大学的学生们没有太多的时间来多愁善感，他们的精力大都花在更有意义的事情上面。

哥伦比亚大学学生的活动能力之强和对信念的执著是闻名遐迩的。每个毕业班里 60% 的学生都进研究生院深造，他们在医学院、法学院和商学院录取率一直在 90% 到 100% 之间。

不仅如此，哥伦比亚大学能够把每年返校的学生运动会依然作为他们最喜爱的传统活动。校园里几千人的集会并不是罕见的事，哥伦比亚大学久远的学生运动传统，使它吸引许多政治理念相当狂热和激进的学生。

山上的大学

踞于晨边高地之上的哥伦比亚大学，假如真正是一所“山上的大学”，或许它比任何其他机构都更有资格和理由将它所背倚的“山上的城”的历史和真相揭示出来。

晨边高地，Momingside Heights，哥伦比亚大学的主校区。这是曼哈顿岛上的居民最熟悉的地方，也是人们心目中纽约城最干净、明亮的地方。哥伦比亚大学校园里清一色是仿文艺复兴佛罗伦萨式的建筑。20 世纪 60 年代，贝聿铭曾为哥伦比亚大学设计外表为玻璃幕墙的双子大厦，但被全校师生一致否决，幸好没有修建，哥伦比亚的主校区才因此保持了整齐、统一的古典建筑风格。

晨边高地

如今，晨边高地在高楼林立的曼哈顿岛上，看起来并没有“高地”的巍峨。但当哥伦比亚大学在 19 世纪末第三次扩校北迁至此时，校长塞斯·娄看中这个当时还是一片荒地的小山丘，除了试图让学校远离纽约城的浮华世界之外，实际上还别有一番用意：美国理想中的国家形象是山上的城（a city on a hill），而位于美国最大都市正中一座山丘上的大学，正体现了传统的、精英主义的文化理想。虽然“山上的城”典故原出自《新约》，但塞斯·娄也有意借用雅典卫城的形象，指称此地为“纽约卫城”，于是为之增添了一层显著的希腊色彩。

雅典卫城一景

此后的一百多年中，哥伦比亚大学作为“山上的大学”而具有的政治与文化抱负，使之永远不会变成真正远离尘世的象牙塔。尽管哥伦比亚已经孕育出了87位诺贝尔奖得主（超过世界上其他任何一所大学），但它更加引人注目的业绩，却可能是其教员介入罗斯福新政、推动美国社会的民主改革，以及20世纪60年代哥伦比亚版的“文化革命”。哥伦比亚的多位著名文科教授，从杜威到特里林到萨伊德，都在学院以外的广泛社会空间中尽到了文化批评家或公共知识分子的职责。而由哥伦比亚大学校长每年亲手颁发的普利策奖金，也似乎总是学院与政治的融合。

但是哥伦比亚却被比作希腊式的“卫城”，在对激进声浪的抵抗中，它也渐渐成为传统人文主义的堡垒。虽然在哥伦比亚大学曾经爆发过大规模学生运动，也出现过嬉皮士的垮掉一代，但它在体制上有十分保守的一面，甚至可以说，哥伦比亚是当代唯一拒绝“革”掉西方经典文化之“命”的美国大学。它仍保持以“西方经典”为基本内容的人文学基础课程，作为无论文理专业所有本科生的必修之课。这在当代多元主义文化政治的挑战之下不断引起争议，然而学校依旧我行我素。事实上哥伦比亚已是唯一仍在坚持继续开设这种“过于传统”的必修课程的大学。

美国大学

坚持传统必修课的人认为：永远让年轻人直面传统，才可以培养真正的批判精神，而脱离了传统的批判，是没有基础的激进主义。这种观点来自于强烈捍卫西方伟大传统的哥伦比亚大学教授特里林。他曾经设想过健全的人格是能够将对立面包容在自身之内的自我，这种理想导致特里林往往去担当与时代精神唱对台戏的人，尤其是在 20 世纪 60 年代，特里林自觉地扮演起了美国社会中“对立自我”的角色。自那时以来，多元主义日益成为社会主流思潮，为美国政治文化提供了无限扩展的自由空间，但像特里林这样的哥伦比亚教授认为，当这种自由的多元主义由于丧失“对立自我”而趋于简单化时，它就已经失去了严肃性和健全性，成为一种失重的文化。而在特里林看来，正是伟大的西方文化传统始终在强调如何去培养“对立自我”的健全人格，才使哥伦比亚大学至今仍旧没有背叛特里林的精神遗产。

哥伦比亚大学巴特勒图书馆的顶上，以将近一人高的巨大尺寸刻写着从荷马到维吉尔一系列希腊、罗马经典作家的名字。对于在图书馆门前草坪上晒太阳、玩耍的大学生来说，这些名字或许可以视而不见，但这些名字作为“文化资本”却构筑了他们生活世界的道德与政治基础。从里根到小布什的多位美国总统都仍在强调美国是一座为世界所瞩目的“山上的城”，他们所使用的语言依旧来自那些巨大的、人们却经常视而不见的人物。

哥伦比亚大学巴特勒图书馆

东亚系的由来

建立于1754年的美国哥伦比亚大学是纽约重要的知识文化中心，原名为国王学院，1784年的独立战争后被命名为哥伦比亚学院。据说在这所学院东亚系的门前，有一对象征着中国意义的石狮子，这也曾让许多中国的访问学者为此而感到骄傲与自豪不已。不过，反观一下近百年来的东西方文化交流史，对中国一方诚如陈寅恪所说，只能是“一部伤心史”。第二次鸦片战争期间，西方列强以其船坚炮利打进了北京城，当时慌作一团的清朝政府竟然找不到一个通晓外语的人来与“洋鬼子”谈判，这才逼得清朝政府睁开眼睛看世界，开设了同文馆，学习西方的语言礼俗。此事在今天，被称为是西学东渐。在欧洲，东学西渐的汉学研究则是起源于文艺复兴之后，马可·波罗就是一个典型的例子。1593年，意大利传教士利玛窦完成了《四书》的拉丁文译本，并在巴黎出版，这可视为东学西渐的肇始。在美国，研究中国的最早记录就是始建于1901年的哥伦比亚学院（1912年改为哥伦比亚大学）的汉学系。而发起开办这样一个享誉世界的汉学系的，竟是一

马可·波罗

个被当作“猪仔”卖往美国的中国苦力。这段史实与清王朝被迫开办同文馆的经历一样，也是充满着难以启齿的哀婉屈辱和沉痛郁结。

这个普通的中国“猪仔”名叫丁龙，在加利福尼亚为一个叫卡本尼埃的美国人家里当管家，终身未娶。他毕生积累了12000多美元，当时这是一笔相当大的存款。主人为了报答这位华人管家的精心照顾和忠心耿耿，愿意倾其所能来满足他的一个夙愿。卑微的丁龙剖白了他久埋心底的宏愿，出乎主人意料的是，他并不是想要一笔丰厚的退休金，也不是想要一间可以遮蔽风雨的房子，甚至也不是央求主人资助他回归梦

李鸿章

慈 禧

绕魂牵的故乡，而是想让他的主人出面，来把他终生一分一分积攒起来的血汗钱捐助给一所有名的美国大学，筹建一个汉学系，用来研究他的祖国母亲，促进中美两国的文化交流。主人为这个中国苦力的要求大为感动，并拿出自己一生的积蓄来满足了他的愿望。后来，清朝政府闻知此事，也深为感动，“老佛爷”慈禧太后亲自捐赠5000余册珍贵图书，李鸿章与驻美使节伍廷芳等人也有捐助。由此，漂泊海外如丁龙们一生

的梦想和含泪的希冀，终于得以实现。当年创建的这个汉学系，也就是今天的哥伦比亚大学东亚系。当时哥伦比亚大学的意见是以卡本尼埃的名字命名汉学讲席，卡本尼埃坚持以丁龙的名字命名。该讲席是1901年设立的，至今其讲席是丁龙命名，在世界范围内，这都是异数。二战后，该系增加了日本研究等内容，改名为东亚系。

东亚系的韦慕庭使哥伦比亚大学与中国的联系更加密切。他自小在日本和中国长大，回美国上的大学，研究生是在北京读的，因此他的汉学功力很深。他曾在自然史博物馆和国会图书馆工作过。第二次世界大战是在美国国防部工作，也曾任美国驻华使馆的官员，后来还曾任国务院远东研究处中国部的负责人，因此，他对中国现代史非常了解。他是口述中国历史的发起人和中坚人物。

张学良

20世纪70年代，张国焘在香港穷困潦倒的时候，哥伦比亚大学就资助了他的生活，但条件是写一部有关中国近代史回忆录。北京大学出身的张国焘果然写出了《我的回忆》，在国内有内部发行版。张国焘的妻子杨子烈也写出了《往事如烟》的回忆录。

在世纪老人张学良的最后几年，哥伦比亚大学也派人采集了他的口述历史，录音十多盘，在张先生去世后整理成文字，编出索引供读者阅读作研究中国现代史之用。因此，张学良的口述历史对于大洋彼岸的国人很有吸引力。可以看出，哥伦比亚大学是花了相当的人力和物力收集和整理它们的，这证明了这所大学对中国的高度重视。

独特文化

比美国还古老的大学

名校总是相似的：强大的师资、优秀的生源、显赫的校友、一流的设施、美丽的校园、雄厚的财政实力……诸如此类，哥伦比亚大学一样都不少。她是理所当然的世界级名校：哥伦比亚大学的毕业生、教职员和校友中截止2007年出了87位诺贝尔奖获得者，这是一个惊人的数字！可是如果仅有这些，那哥伦比亚大学还不成其为哥伦比亚大学。从1754年建校以来，哥伦比亚大学的历史就是一部传奇，一部典型的美国式的传奇。

哥伦比亚大学的前身是只有8个学生的“纽约学院”。幸运的是，这所小学校居然得到了当时英国国王乔治二世的皇家特许状，钦定校名为王家学院，允许学校教育不受宗教教派的限制，这与美国东部其他受教会控制的老牌大学截然不同。这种弥漫在校园里的自由思想所结下的硕果，就是使得王家学院成为美国独立革命的温床。美国第一任财政部长汉密尔顿、美国最高法院首任首席法官杰伊都是哥伦比亚大学毕业生。

1754年首任校长约翰逊在纽约曼哈顿南部，靠近纽约现在的市政厅处创办了一个只有8个学生的班级，哥伦比亚大学由此诞生。经过30年的发展，这个小小的班级发展为纽约初具规模的王家学院。在美国独立革命时，哥伦比亚大学毅然承担起历史使命，成为培养革命者的摇篮，有多名学生参加到争取独立的斗争中，不少人后来成为美国国家的设计师和建筑师。其中包括：美国最高法院首任首席法官约翰·杰伊，美国联邦政府首任财政部长亚历山大·汉密尔顿，美国宪法最后定稿人古温纳·莫里斯，美国独立宣言起草人罗伯特·利文斯顿。

英国乔治二世

1784 年美国独立革命后，王家学院改名为哥伦比亚学院，意在反映纽约市人民的力量和体制的变革。1896 年身为哥伦比亚大学第 9 位校长的塞斯·劳决定将哥伦比亚校园内自 1754 年以来陆续建立起来的 8 个各自独立的学院合并成为一个完整的大学，并命名为哥伦比亚大学。激进的革命精神一直保留下来，哥伦比亚大学敢为天下先的吃螃蟹精神使得其魅力非凡。1912 年，这个校名经纽约市政府批准正式使用，沿用至今。今天，哥伦比亚大学已经成为拥有学院 18 个，学系近 100 个，在校生近 20000 人的美国最著名的大学之一。

为了适应发展的需要，1817 年哥伦比亚大学经历了一次迁徙。今天的哥伦比亚大学位于纽约市曼哈顿西面，主校园由 70 座大型建筑物构成，鳞次栉比，富丽堂皇。由于位于寸土寸金之地，哥伦比亚大学的校园虽然面积是常春藤盟校中最小的，但它仍然让哥伦布教授沉浸在美好的回忆中：“那是欧洲希腊风格的传统建筑，每天我都要静静地在校园里散步，我喜欢那种感觉，是神圣的静谧。尤其是位于校园中央的大草坪上，当你望着四周红砖铜顶、气势磅礴的建筑，你就仿佛置身于历史的长廊，恍如隔世的沧桑之情不禁油然而生。”

哥伦比亚大学的图书馆是哥伦布教授最引以为豪的部分。全校共有26个图书馆，藏书570万册，居全美第6。各个图书馆又各具特色。东亚图书馆的藏书，也许比不上哈佛大学的燕京图书馆、国会图书馆，但因为纽约是世界之都，国际人士来往频繁，东亚图书馆的出借率可说是全美东亚图书馆中最高的。新闻系图书馆，收集20多年来《纽约时报》的剪报档案，教育学院的图书馆则收集了美国70年来的中小学教科书和世界主要国家的中小学教科书。哥伦布教授说图书馆是他去得最多的地方，每天他都要在图书馆里坐上4～5个小时，“在那里你甚至可以找到欧洲多年流失的经典，那早是书的海洋。”

哈佛大学燕京图书馆

往 事 追 忆

激进的思想

在美国，有许多关于各个名校的笑话，有个著名的以“换电灯泡”来调侃各个名校的故事，从哈佛到耶鲁全都点到，当问到：“需要几个哥伦比亚大学学生来换电灯泡?”答案是：“76 个。一个换电灯泡，50 个举行集会要求争取不换电灯泡的权利，另 25 个举行反要求的集会。”

耶鲁大学

哥伦比亚大学的校园永远是个思想活跃的地方，“你只要点得出来的话题，我们都讨论。”一位哲学系的学生不无讽刺地这样描绘。一位左派“革命专家”则骄傲地宣称道：“在革命中心的急诊是革命怎样发生，而不是它是否发生。”

20 世纪 60 年代是学生运动浪潮汹涌的时代，哥伦比亚大学曾是“激进主义的温床”，是美国大学校园中闹得最凶的一个。1968 年哥伦比亚大学学潮，被视为自 1964 年伯克利加州大学学潮以来最大的一次大学反抗运动。直接起因是校方打算用向市政府租得的靠近晨边高地公园的2.1英亩土地，建造一座价值1100多万美元的宏伟体育馆。这个计划一公布立即遭到附近居民的反对，并将其称为“土地掠夺”。而学生则又认为这块地应该盖校舍。校方公布了建筑

伯克利加州大学

的设计图，没想到引来更加激烈的抨击：未来的体育馆面向学校的大门造价昂贵、美轮美奂，而面向哈莱姆区的门，则又小又简陋。社区领袖痛斥这是“隔离的不平等安排”。4月20日，150名示威者向体育馆工地进军，高呼“种族歧视的体育馆必须拆除!”他们真的拆毁了一段栅栏。参加示威的白人中就有哥伦比亚大学争取民主社会大学生协会主席马克·拉德。该协会几天之前刚刚征集1500人签名，要求哥伦比亚大学退出防务分析研究所，这是一个12所大学研究人员参加的为五角大楼工作的机构。学生指责此一研究所的项目都是为了“压迫越南人民”，而且包括“防暴设备，为了在美国对黑人进行大规模种族灭绝”。

示威者游行到校行政机构所在地汉密尔顿大楼，将代理教务长等拘

留了 26 小时。接着围攻哥伦比亚大学的战斗打响了，又掺进了白人学生和黑人学生的矛盾。60 名黑人学生因争取民主社会在学生协会“战斗性不足”，要求白人离开（另一种说法是黑人当时都带着枪，白人学生却并不觉得为体育馆的事值得动枪）。最后拉德带领白人学生撤出汉密尔顿大楼，去接管了洛楼图书馆，贴出通告说：“解放区！可以自由

哥伦比亚大学一景

参加进来。”哥大柯克校长的办公室就在此楼，造反的学生破门而入，将信通函和文件拍照，乱扔一气。次日，又有 100 夺取了社会科学大楼，另 100 人夺取了建筑设计中心大楼。再次日，第五座大楼也被占领，阳台上挂出横幅：“第五解放区”。他们建立指挥所，油印各种声明传单。警察来了，大学董事会议决定校长“对学生的行为实行果断的纪律”。柯克校长决定，必要时用武力夺回大楼，结果动员了 1000 名警察。首先解决黑人学生占领的汉密尔顿大楼。随后在夺回其他大楼时动用武力。警察认为围观的数千人实际上是闹事学生一边的，于是也同样推打他们，共逮捕了 698 人，拉德和其余 12 人被勒令停学一年。

反对建体育馆和要求退出防务分析研究所，都只是表面现象，根源在于学生们对越南战争和种族歧视都深为不满。争取民主社会大学生协会在哥伦比亚大学的另一名分会主席特德·戈尔德扬言："我们斗争的目标，不仅要争取一个革命化的哥伦比亚大学，而且还要争取一个革命化的美国。"

30 年过去，弹指一挥间，哥伦比亚大学的气氛自然冷却了很多，最热门的讨论一般停留在堕胎权、奖学金分配以及校园种族关系这一类温和得多的话题上。不过它仍是全美国自由派的一个重要堡垒。

普利策奖

普利策是美国的著名人物，他不仅成功地经营了自己的报纸，而且还捐助了哥伦比亚新闻学院，并创立了美国最有影响的大奖——普利策奖。他的传奇的一生，证明他不仅是一位天才的报纸工作者、新闻学奠基者，而且是一位卓越的经营管理者。

普利策

普利策奖的诞生

普利策对新闻学的贡献是无与伦比的，他不仅成功地经营了《快邮报》和《世界报》，提出了许多具有深远意义的新闻理论，还向哥伦比亚大学捐款200万美元，帮助创建了美国第一所新闻学院——哥伦比亚新闻学院，临终又为这一学院捐款100万美元，成立了一个基金会，作为优秀的新闻、历史、音乐和戏剧作品的年度奖金，这就是著名的美国年度新闻大奖普利策奖。

在普利策协助总统选举胜利后，他当了四个月的国会议员。普利策感到自己的身体状况不允许既在国会任职，又掌握两家从事改革的报纸，于是就在1886年4月10日，他39岁生日时，辞去了国会议员的职务。随后在两年之内，他又成功地帮助纽约州长、纽约市长在选举中获胜。但在1887年纽约市法院检察官的选举中，他却遭到了失败，并在与纳达的《太阳报》的论战中受到了挫折。这两件事发生两周后，更为严重的事情发生了：他的一只眼睛里有一根血管破裂，而另一只眼睛的视力也已衰退。他面临着双目失明的危险，同时又患有气喘病、肺病、胃病、失眠症、抑郁症和精神衰竭。好在，正在普利策病情严重的时候，国会通过了一项《世界报》始终为之奋斗的法案——反托拉斯法案。

1890年12月10日，高达20层的普利策大楼正式竣工并交付使用，这可以说是当时“世界上最豪华的报业大楼”，然而患病的普利策已不能亲自到大楼办公了。他在《世界报》上发表了辞职声明。但他并没有切断自己与《世界报》的联系，通过重要的人事调整和遥控的方式，《世界报》仍沿着普利策的革新精神开展活动。

1908年，《世界报》又遇到了一件大事，这件事差点把普利策送进监狱。就在当年10月2日，《世界报》发表社论就巴拿马运河工程提出了令西奥多·罗斯福总统难堪的质问，要求国会调查美国为运河工程付的4000万美元的下落，这使总统非常气愤。12月15日，总统向国会提交了有关诽谤罪的咨文，要求对普利策提出起诉。第二天《世界报》发表了决不会被政府“封住嘴”的社论，成功地赢得了公众舆论的支持。1909年3月4日，即罗斯福当总统的最后一天，联邦政府正式对《世界报》提出了起诉。后来，虽经努力而撤销了这一起诉，普利策却并不满足于此，他

罗斯福总统

决定向政府的审判权进行挑战。1911 年 1 月 3 日，最高法院作出了有利于《世界报》的裁决，从而结束了这场长达两年之久的诉讼案。

1911 年 10 月 29 日，普利策在秘书给他读书的时候，永远地睡着了。

普利策死后，人们根据他的遗嘱设置了 13 项普利策奖，并从 1917 年开始颁发。在以后的年代里，普利策奖从最初的 13 项增加到 21 项。与此同时，各奖项的涵盖范围也有所扩大。1997 年，也就是普利策诞辰 150 周年那年，普利策奖理事会根据网络新闻飞速发展的现实，把在线新闻也纳入了授奖范围。后来，理事会又扩大了，原先只授予古典音乐的普利策音乐奖的授奖范围，使各种不同类型的音乐作品都能参加该奖项的角逐。1999 年，普利策音乐奖授给了已故著名爵士乐作曲家杜克·埃林顿。

多年来，普利策奖一直把作品的内在价值作为最重要的衡量标准。许多得奖作品在畅销书排行榜里是看不到的。许多得奖的戏剧并没有登上百老汇的舞台，而只在百老汇以外的剧场里演出。多年来，普利策奖一直是美国最具权威性的大奖之一，也是美国新闻界、文学界、戏剧界和音乐界的杰出人才全力角逐的对象。近一个世纪以来，普利策奖对高质量的新闻报道和文艺创作起到了不可磨灭的推动作用。

从流浪汉到记者

普利策 17 岁那年，因与继父感情不和，快快地离开了家，寻求独立的生活。在德国的汉堡，他通过美国联邦政府招募志愿兵的移民机构，当了一名新兵，乘船来到美国波士顿，参加了林肯的骑兵部队。在八个月的服役期间，他参加过几次零星战斗，后由于同军中长官和兵士不和，1865 年 7 月 7 日，他领到最后一次月薪 13 美元后，就退伍了。此后，普利策当过水手、建筑工、装卸工、出租马车车夫、饭店侍者。

波士顿一景

有一次，他在寻找工作时上了当。他们几十人每人交 35 美元，给一位答应介绍他们到路易斯安那州甘蔗种植园去做高报酬工作的推销员，介绍人让他们乘上一艘充满恶臭的小轮船，当小船开离城市 30 多英里的地方时，推销员却甩开他们径自跑了。普利策一气之下写了一篇关于这个骗局的报道，文章在《西方邮报》上刊登时，他感到非常高兴。随后，他到该市的一家德文报社工作，负责保管法律文件。从此他时常给报社写些短文。1866 年美国各地发生了霍乱，这时普利策担任了该城阿塞纳尔岛典狱长，一边帮助埋葬尸体，一边勤奋学习。在瘟疫结束后，在一位律师朋友的帮助支持下，他南下负责修建圣路易斯——旧金山铁路线。他在铺设铁路时发挥了惊人的记忆力，将各种复杂的线路条文写进沿线 12 个县的档案里，出色完成了这项任务。

1868年底，《西方邮报》招聘一名记者，21岁的犹太青年普利策被录用了，这是普利策生活和命运的重要转折。正如他后来所说："我，无名小卒，不走运的人，几乎是流浪汉，被选中担任这项工作——这一切都像做梦一般。"从此，他找到了通往发迹成才的道路。

当时《西方邮报》在精力充沛的共和党激进分子舒尔茨和主编普雷托里斯的领导下，成为纽约以西最有影响的德文报纸。普利策进入报社后，全力以赴地投身于新闻工作，每天要工作16个小时——从上午10点到次日凌晨2点。他的座右铭是："工作、工作、工作，思考、思考、思考。"起初，他是各报同行的嘲笑对象，人们一看到他那茎状的头、细长的脖子、红色的胡子、尖尖的鼻子、厚厚的眼镜、骨瘦如柴的身躯、结结巴巴的英语、破旧的衣衫和容易冲动的性格就嘲讽他，称他"丑犹太"。但他的奋勉精神，采访新闻的特殊本领，却令人钦佩折服，很快赢得了领导的赏识。工作一年后，在1869年12月14日，普利策被推选出席了圣路易斯城第十大街举行的共和党会议。尽管他年仅22岁，离竞选年龄还差3岁，但还是在会上被推选为该党领导的候选人。随后，普利策组织街头会议，发表演说，亲自拉选票，参加竞选活动，最后击败了竞争对手。

作为州议会议员，普利策支持议会通过了赋予美国黑人以选举权的法案，之后，他又把斗争的锋芒转向圣路易斯城的腐败政府，他的改革法案获得了议会的通过，他成了民众所拥戴的人物。

创立自己的报纸

1872年，精通生财之道的普利策获得了一个重要消息，即拥有西方联合通讯社经销权的《密苏里国家报》正要拍卖，于是他买下了这份报纸。办报一天后，又把该报的经销权转手卖给了《环球日报》，把该报的印刷设备卖给了几个德国移民。从此，普利策摇身一变成了富翁，而在政治上，他则向了民主党。

普利策结婚后不久，《圣路易斯快报》因大亏血本，正式宣告破产，进行拍卖。普利策闻讯后，迅速派出密使为他出面投标。中标后，普利策与《邮报》进行谈判，最后两家报纸合并为《快邮报》。后来，《邮报》主编又将他的一半股份卖给了普利策。至此，31 岁的普利策终于有了自己的报纸。

普利策改变了原来报纸只迎合富人口味的做法，明确宣布："《快邮报》要为人民大众服务……不论在任何地方，任何情况下，都要反对形形色色的弄虚作假。要坚持原则，拿出主意，唾弃世俗偏见和党派偏见。"他深信人的罪恶就在于掩盖事实真相，不讲实活，他的报纸没有一天不对社会黑暗进行揭露。从揭露的对象来看，既有一般的人物，又有社会中的大人物，既有街头小事，又有国家大事。他办报承担的风险特别大，如开始办报时，就在报上开展了三星期的反偷税漏税运动，结果给商业界造成巨大的舆论压力，使许多人从该报撤回了广告，造成很大的损失，但该报并未因此停止揭露社会弊端的工作。这样的揭露使他四处树敌，得罪了汽油公司、彩票公司、马车垄断公司、保险公司等，因此，为了安全，他总是随身带着手枪。然而，《快邮报》的文章渐渐成了人们议论的中心，它的发行量在急剧增长。随着利润的增多，普利策也使他的办事人员们不断增加收入。

参与改造《世界报》

1883 年 4 月，普利策买进了拥有美联社特许权的《世界报》。他在报纸的发刊词里这样写道：《世界报》的全部财产已由本人购买了。从今天起将置于一种与过去完全不同的管理之下，人员、设施和方法不同；宗旨、政策和原则不同；同情和信念不同；脑与心不同……在这个日益繁荣的城市里，需要这样一种日报。它不仅售价低廉，而且内容精彩；不仅内容精彩，而且篇幅浩大；不仅篇幅浩大，而且是真正民主的，是真正站在人民一边，而不是倒在那些有钱有势人们的一边。它要多发新近的消息，少发过时的消息。它将暴露一切诡骗和无耻，抨击一切危害公众的恣肆和弊端，并以真挚诚恳的态度为人民奋斗。

纽 约

普利策拟定了《世界报》的短期计划和长远计划。短期计划是与时间赛跑，扩大报纸发行量，偿还债务；长远计划是帮助产生一位民主党的总统。而从 1844 年到下届总统选举结束，一共一年时间，只有 15000 份的报纸是不能左右全国、帮助产生总统的。因此，《世界报》发行量必须每月、每周，甚至每天都有所突破。纽约新闻界长期以来完全忽视了居住在该城的爱尔兰人、德国人、犹太人和意大利人，因为这些人的文化素质比较低，而这些移民的队伍却在日益扩大，1870 年以来已有 500 多万人进入这个国家，每 10 年纽约市的人口就增加 50 万。于是，新《世界报》就经常刊登一些适合他们口味、兴趣的文章。同时，该报继承了《快邮报》所倡扬的改革精神，具体提出了 10 条改良社会的措施：①对奢侈品征税；②对遗产征收继承税；③对高收入征收所得税；④对垄断公司征税；⑤对享有特权的公司征税；⑥征收入税；⑦改革行政机构；⑧严惩贪官污吏；⑨严惩倒卖选票者；⑩严惩在选举中左右雇员选票的雇主。这些措施的提出在当时是相当激进的。一般来说，报纸发行量的扩大需要数月才能见效，而使报业界吃惊的是，《世界报》竟在短期内就获得了成功，它在两周内赢得了 6000 名读者，三个月后发行量就达到 39000 份，比原来增长了一倍。与此同时，其他日报的发行量并未减少，这说明该报在新的阶层中找到了它的读者。《世界报》取得巨大成功后，普利策被选为曼哈顿俱乐部的成员。此时，《世界报》刊登了一篇十分明智的社论，说 1884 年民主党人需要“一个克利夫兰式的人物”，在后来的大选中，有效地促使了克利夫兰竞选的胜利。大选结束后，《世界报》的发行量达到 13 万份，成了全国最大的民主党报纸。

克利夫兰当选以后，有几家报纸断言，《世界报》将变成总统的代言人。然而普利策明确指出：“《世界报》将愉快、热情地支持克利夫兰政府一切好的东西，反对一切显而易见的、错误的东西。克利夫兰先生把总统之职看成是大众的信任，我们也把《世界报》的编辑工作看成是大众的信任。”该报在后来的发展中坚持了自己的原则，对总统的失误也给予了应有的批评。

1883 年，法国雕塑家奥古斯特为美国精心雕塑了自由女神，当法国将雕像赠给美国后，美国却因经费不足难以施工。普利策挺身而出，除亲自捐款外，还在《世界报》呼吁美国人民为了民族的尊严踊跃捐款，最终使这项工程于1886年圆满竣工。

自由女神

与英雄同行

大学校长

1948年6月，艾森豪威尔当上了全国著名的哥伦比亚大学校长。在此之前，他已拥有世界许多大学的名誉学位和称号，但是，周围的人，首先是他本人十分清楚，他获得这些学术上的荣誉并不是因为他对某一门科学的发展作出了贡献，而是出于对他在第二次世界大战年代军事贡献的尊敬。

还没有迈入这所驰名国内外的大学门槛，德怀特·艾森豪威尔就面临着在新岗位上许多他回避不了的棘手问题。

一些学术界的代表人物反对新任校长，他们认为这样的学府应当由学者主持，而不是将军。艾森豪威尔听到这种议论，心里并不痛快。但是，他有一套处世本领，因而这次他又想出了摆脱困境的妥善办法。他在和学校教授们第一次见面时就宣布，他不追求学者的桂冠，因而在处

艾森豪威尔

理学术问题时，将主要听取教授们卓有见地的意见。

艾森豪威尔虚心学习，他经常到各个班级和院系去听课，这在一所名牌大学内几乎是少见的事。他对历史和物理特别有兴趣。他把较年轻的历史学家们召集在一起，向他们发表讲话，谈他们的职责和任务。他最喜欢的是物理系，他对原子能极感兴趣。他和诺贝尔奖金获得者伊西多·拉比建立了亲密的关系。当普林斯顿大学的高级研究所向拉比提出聘请时，艾森豪威尔使尽他浑身解数，挽留拉比。艾森豪威尔对拉比说，哥伦比亚需要他，他本人需要他，如果拉比离开，哥伦比亚大学的声誉会遭到十分沉重的打击等等。拉比被说服同意留下来。

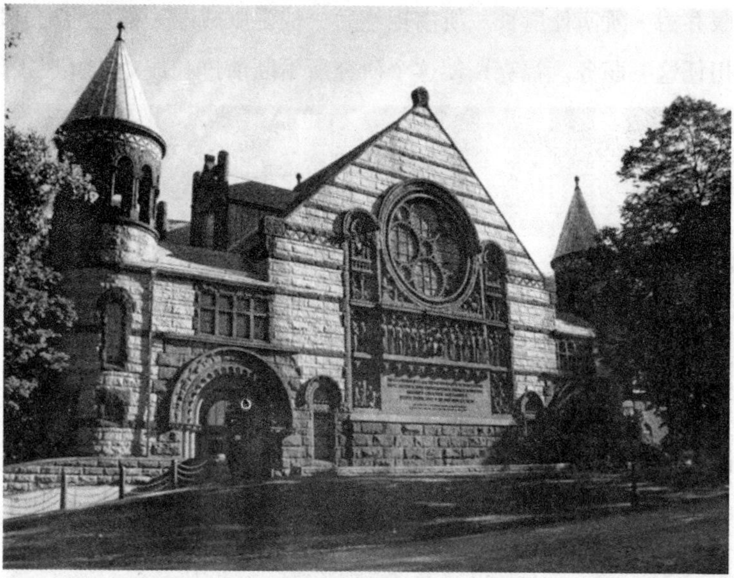

普林斯顿大学

这对哥伦比亚大学显然是一个收获。此外，还有许多其他收获。艾森豪威尔在哥伦比亚大学工作了两年半，但是实际上在那里工作的时间不到一年。从他开始上任后，他就开始实行一连串的计划，给学校带来了声誉、金钱和更加活跃的知识气氛。

艾森豪威尔在担任哥伦比亚大学校长期间，也是“全美议事会”的组织者。

这个议事会的宗旨是把企业家、劳工、学者、党派代表聚集在一起研究全国性问题。这个组织不仅为哥伦比亚带来了基金，也为学校带来了显赫的名声。

艾森豪威尔为世界有名的经济学家埃利·金兹伯格主持的“保持人类资源”计划筹措款项和开展工作。艾森豪威尔说，他觉得“几乎不可理解，竟没有一所美国大学长期从事有关战争的原因、进行和后果的研究”。为了纠正这一情况，他为“战争与和平研究所”筹集基金。他想说服乔治·凯南任所长。凯南拒绝后，他说服威廉·福克斯离开耶鲁大学担任这一职务。福克斯使这个研究所不断前进和成功地开展工作。

哥伦比亚大学一景

艾森豪威尔到哥伦比亚大学上任时，正是“冷战”寒风吹遍大学课堂的时候。对社会主义和共产主义这方面问题的研究，也被宣布为大逆不道。艾森豪威尔对社会主义和共产主义虽无好感，但却主张必须对其进行研究。一些人说："艾森豪威尔懂得要掌握事实这个道理。因此，他认为应当研究社会主义和共产主义体系，以便了解它们，从而找到与其斗争的有效方法。"

为了改善农业条件，艾森豪威尔还创设了一个研究土壤——美国"最大的资源"的"侵蚀和浪费"的计划，并利用他的关系，使一些国家的领导人也参与其事。他还建立了一个新"工程中心"。随着给学校的赠款增加，教师的薪金也提高了。研究生院朝气蓬勃。总之，艾森豪威尔在他的短短任期内，在开展新的计划方面的成就，比大多数校长在十年中的成就还大。

艾森豪威尔非常善于筹集基金。他从不直接要求捐款，但是，他给他的有钱朋友和熟识的人们写了很多信，解释哥伦比亚大学各方面计划的情况。

他向他们清楚地表明，如果他们捐款"帮助哥伦比亚来帮助美国"，他会认为这是对他个人的支持。有一次艾森豪威尔专程到得克萨斯，去见一些石油富豪，他设法为哥伦比亚大学筹集到近 50 万美元。艾森豪威尔能够筹集到大笔的钱，部分是由于他的介绍和热忱，但主要是由于这些施主们知道，这是与艾森豪威尔将军建立或保持良好关系的原因。

少年时期

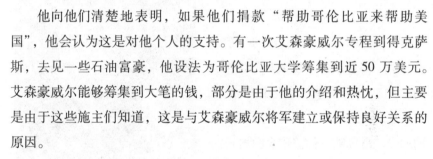

德怀特·艾森豪威尔，生于美国开拓疆界结束之时，死于人类漫步月球之日。当他 1890 年 10 月 14 日在一间狭小的木板房呱呱落地时，他的父母正在美国西部得克萨斯州过着艰难的贫困生活。艾森豪威尔的祖先是德国移民，他们原先居住在欧洲莱茵河地区，属于宗教异端门诺教派。为了摆脱教派的排挤，艾森豪威尔一家迁入瑞士，1741 年又迁往北美宾夕法尼亚。他们都是一些普通的劳动者，精力充沛，刚毅坚强，在美国西部过着颠沛流离的生活。在德怀特出生时，他的双亲除了日常穿的衣服和一些简单的日用品外，一无所有。他们已把一笔可观的遗产花费殆尽。这时，他们有了三个孩子，而发财致富的机会却极为渺茫。但是他们身体健康，所以艾森豪威尔的双亲对从事艰苦的体力劳动充满信心。后来在友人的帮助下，戴维在阿比伦一家食品厂找到一份机修工的工作，月薪 50 美元。

德克萨斯州

从此全家又迁回阿比伦。艾森豪威尔一家深受镇上居民的尊敬。他们自食其力，乐于助人，依靠自己的辛勤劳动还清了一切债务，戴维夫妇对孩子们管教十分严格，教育他们热爱劳动，反对好逸恶劳。艾森豪威尔兄弟们的责任范围随着他们年岁的增长而扩大。每个兄长轮流值班，值日时应该 4 点半钟起床，之后，备马送父亲上班。德怀特干这些活是很勉强的，因为要他每天早晨醒来很费劲。几个兄弟自幼就养成做任何事情都要干好的习惯。家规是很严的，如果孩子中有谁干活干得不好，即使时间已经很晚了，也要打发去重做，直到干好为止。

艾森豪威尔

戴维夫妇虽然对孩子们管教很严，但当孩子们作出重要决定的时刻，从不向他们施加压力。德怀特刚进入中学不久，由于不慎，在一次上体育课时，他的膝盖受了伤。过了一些时候，透入骨髓的剧痛使他卧床不起。腿部渐渐肿起来，德怀特开始发高烧。诊断结果并不能令人宽慰：是血中毒。医生认为只有立即截肢才能挽救病人生命。德怀特·艾森豪威尔，从小就具有坚强的意志，充满青春活力，是同龄人中最优秀的运动员之一，所以他无法容忍做残废人的命运。德怀特断然拒绝截肢手术，表示宁死不做残废人。医生还是坚持自己的解决办法，说延误时间必然导致死亡。的确病人的病情越来越危险。德怀特在失去知觉前，曾要求他的二哥埃德加寸步不离地守在病床前，以防在他昏迷时被做截肢手术。

医生则警告他的双亲说，只要肿到骨盆部位，生命就无法挽救。大家都望着埃德加。埃德加说："我们没有权利使德怀特成为残废人。如果我违背诺言，他将永远不能原谅我。"双亲被迫对医生说，他们不能代替儿子作出决定。只得寄希望出现奇迹。奇迹果然发生了。结实、年轻的肌体战胜了疾病，德怀特的健康开始慢慢地得到了恢复。

军旅生涯

1910年夏天，德怀特开始和镇上一名医生的儿子埃弗雷特·斯韦德·黑兹利特交上了朋友。他与德怀特结成了莫逆之交，他们终身保持着这种友谊。斯韦德建议德怀特进西点军校。一来这座学校名望大，是美国将军的摇篮；二来可以免费受教育，这对德怀特来说可以解除一笔沉重的经济负担。德怀特决心一下，经过一段顽强的学习准备，终

西点军校一景

于考试合格，艾森豪威尔成了西点军校的士官生。

1911—1915 年在西点军校学习。从西点军校毕业后任少尉，驻扎在得克萨斯州。第一次世界大战前夕，艾森豪威尔从西点军校毕业，获少尉军衔。由于战争，许多同学都去法国参战，他却被留在国内从事训练工作。他创办了美国陆军的第一所战车训练营，28 岁成为少校军官。巴拿马地区司令康纳少将，看中了这位年轻人的军事才华，便邀请他到巴拿马服役。在巴拿马服役的三年中，他受到了康纳的特殊栽培，军事知识和技能大为长进。后来，康纳又保送他进入陆军指挥参谋学院受训。艾森豪威尔学习认真，训练刻苦，于 1926 年以全校第一名的成绩毕业。随后又到陆军军事学院学习两年。1933—1935 年在陆军参谋长麦克阿瑟将军办公室工作，并任其助理随同前往菲律宾。

马歇尔

法国诺曼底一景

第二次世界大战时，在一次有 50 万人参加的军事大演习中，他的计划调度能力受到参谋长马歇尔将军的赏识。此后他在军队中晋升很快，从陆军中校到中将只用了 2 年时间。1943 年他指挥盟军进攻西西里。1944 年指挥盟军在诺曼底登陆。

第二次世界大战结束后，艾森豪威尔曾任美国驻德占领军司令。1945年回国，任美国陆军参谋长。

辉煌人生

在哥伦比亚任职其间，艾森豪威尔一面主持校务，一面撰写回忆录。

1948年，他的《远征欧陆》第一版问世。这部书引起了巨大反响，也给作者赚得了不小的收入。征税机关考虑到艾森豪威尔不是专业作家，向他提供了特殊的征税优惠，作者的纯收入达476250美元。到1966年底，《远征欧陆》一书在美国销售量达170万册，还被译成了22种文字。

白 宫

许多关于他的传记作者都肯定，艾森豪威尔离开军队到哥伦比亚大学任职只是他要入住白宫的一个跳板。他们指出，按照美国的传统，国家总统必须具备一定的文职工作经验，而德怀特缺少的正是这个。1949年4月，在美国庇护之下，成立了北大西洋的政治军事联盟——北大西洋公约组织。根据参加国首脑们的一致意见，艾森豪威尔将军是领导这个组织的最合适的人选。

当艾森豪威尔在巴黎忙于北约事务时，在美国国内狂热的政治活动正紧锣密鼓地进行着。

许多政治领袖认为，艾森豪威尔的时刻已经到来。要执行新的政治方针，必须有新的领袖。民主党也好，共和党也好，都同样希望艾森豪威尔上台。

11月4日举行大选，艾森豪威尔获得了胜利，登上了总统的宝座。

1953—1961年艾森豪威尔连任两届美国总统。1961年离开政府回家乡从事著述。

经历了战争的年代，经过在华盛顿担任参谋长联席会议主席，在纽约哥伦比亚大学当校长，在巴黎任盟军最高统帅和担任了八年总统之后，艾森豪威尔想象着他的退休生活。他曾有过各种各样的想法：在得克萨斯购买一个牧场，在威斯康星置一座避暑庄园，游山玩水，与友人谈古论今，在小溪边垂钓。他坚持认为，在为国效劳50年后，他已心力交瘁，得休息休息。不再参加会议，不再作演讲报告，不再参与国家紧急问题的处理，可以在青山绿水间撰写自己的回忆录。

1969年3月24日，艾森豪威尔心脏病严重发作。同年3月28日，美国第34位总统艾森豪威尔因心脏衰竭逝世。

戎马半生战功卓著的美国总统艾森豪威尔的生命虽然结束了，但是他的名字却与历史上最重大的事件——击溃德国法西斯相联系着。在艰苦的战争年代，艾森豪威尔作为盟军欧洲远征军总司令，对赢得战争的胜利作出了重要贡献。从此他的名字受到了世界人民的广泛颂扬，战后，1953—1961 年，作为美国总统，艾森豪威尔的名字，又同“战争边缘政策”和“冷战政策”联系在一起。许多事实说明，艾森豪威尔是美国垄断资产阶级政策的“忠贞不渝”的维护者。对于他的功过是非，美国人民和世界人民心中自有看法。然而，作为第二次世界大战的一员名将，人民始终怀念他！

原子弹之父

1945 年 7 月 16 日，是惊天动地的一天，在这一天人类历史上第一颗原子弹试爆成功了。那日凌晨五点三十分，天空中突然闪现一阵耀眼的光亮，把大地照得如同白昼一般。紧接着，一阵震耳欲聋的爆炸声从远处传来，闪光和声响处升起了一朵巨大的蘑菇云。那壮观情景，犹如千万鳞光闪闪的蛟龙在缠绕厮杀，激战不已。人类便从此第一次走进了有原则性的原子核时代。

是谁开创了原子核时代？他就是原子弹之父，哥伦比亚大学教授，恩里科·费米。他是一位意大利物理学家。正是他所完成的慢中子轰击元素原子核的实验，为自持链式反应奠定了基础；正是费米和其他杰出科学家在哥伦比亚大学的费米小组的研究工作，从实践上找到了释放核能的可控制性的方法。难怪人们称他为“原子弹之父”！费米无疑是自伽利略以来最伟大的意大利科学家，是 1925—1950 年这段时间内出现的世界上最富有创造性的物理学家之一。更为突出的是，在一个不断产生专业化人才的时代中，他既是杰出的实验家又是优秀的理论家。

恩里科·费米

费米于1901年9月29日在意大利罗马的一个铁路职工家庭出生，其母加蒂丝是一位中学教师。费米的童年时代是在罗马度过的。1918年他考入了比萨大学高等师范学院。1922年以研究X射线的论文获得

比萨大学

物理学博士学位。后不久，他赴哥丁根大学，成为玻恩的助手。1924年回到意大利，在佛罗伦萨大学任教。1926年起，任罗马大学理论物理学教授。由于他的卓越才能，很快就有了很好的声誉，并且成为新成立的罗马大学物理研究所的核心人物。费米撰写了第一本意大利现代物理学教科书《原子物理学导论》。打这起，很快就有越来越多的年轻的意大利物理学学者以他为师，而且他们都是精英。后因二战爆发，意大利法西斯政府奉行反犹太人政策导致意大利科学天才的流失。他的妻子劳拉是一位意大利海军上将之女，犹太人。因此，费米也将遭受厄运。1938年，费米借领诺贝尔奖金之机，携家逃往美国，后担任了哥伦比亚大学的教授。1942年以后到新墨西哥州的洛斯阿拉莫斯，从事新的

研究工作。1945年7月16日在这里成功地试验了第一颗原子弹。1946年费米被授予梅里特国会勋章。后来费米回到芝加哥大学，任该校物理研究所教授。他还是美国原子能委员会科学顾问委员会的委员，1953年任美国物理学会会长。

芝加哥大学一景

原子时代的签证

1938年，费米荣获了诺贝尔物理学奖。这时的意大利统治正快速地向法西斯化发展，而且反犹太的政策也在这个时期不断出台。费米不愿充当法西斯的帮凶，而他的夫人是犹太人，虽然费米的名气还可以暂时保护夫人，但这决非保全之路。费米决定利用去斯德哥尔摩领奖的机会逃离意大利前往美国。

1939年1月2日费米和妻子罗拉一同到达美国纽约。哥伦比亚大学在当时的核物理研究方面拥有全世界第一流的科学家，费米于是加入哥伦比亚大学，成为费米小组的领军人物。这一年，费米又迎来了丹麦首都哥本哈根的著名科学家玻尔，并且从他那里听到了一个既惊人又可伯的消息：德国的哈恩及斯特拉斯曼实现了铀核的分裂。原子核的研究正面临着一个新的转折点，人类应用原子核内能量的日子已为时不远。这一发现极有可能导致原子武器的出现。如果法西斯领袖希特勒先行制出原子武器，这将对人类造成莫大的灾难。

费米从玻尔那里得知这个消息以后，就径自奔向哥伦比亚大学实验室，立即动手重复做他五年前做过的没成功的试验。许多物理学家加入了费米小组，协同作战。1939 年 1 月 16 日，玻尔到美国普林斯顿高级研究所和在那里工作的爱因斯坦探讨铀裂变问题。然后，又和费米在华盛顿大学举行的一次理论物理学会议上交换了各自的研究心得。在这次交谈中，关于链式反应的概念开始成型。

华盛顿大学一景

同年3月，在哥伦比亚大学工作的费米、津恩、西拉德和安德森等人，进行试验以确定铀核裂变所释放出的中子数目到底是几个。实验结果表明，铀核在裂变时能够释放多于两个的中子，因而铀原子核一个接一个分裂的链式反应应该是可以实现的。至此，在理论上能否实现核分裂链式反应的问题已经得到基本解决。几个星期以后，消息传出，实验结果完全同玻尔他们预言的一样。

玻 尔

由于纳粹德国也在沿着这一方向进行研究，聚集在美国的各国著名科学家们强烈地预感到，美国政府应该利用这一最新科研成果，开始研制一种威力强大的原子武器，而且必须赶在德国人前面。在爱因斯坦等科学家的倡议下，美国总统罗斯福下令实施曼哈顿计划，一定抢在德国之前制造出原子弹。

今日珍珠港一景

为了论证实现链式反应的实际条件，美国决定建造一座自持链式反应装置。在康普顿等科学家的举荐下，费米担当了建立第一座原子反应堆的重任。现在，需要费米全力以赴的是建造一座能产生自持链式反应的原子核反应堆。

1941 年 7 月，费米和津恩等人在哥伦比亚大学，开始着手进行石墨—铀点阵反应堆的研究，确定实际可以实现的设计方案。12 月 6 日，即日本偷袭珍珠港的前一天，罗斯福总统下令设置专门机构，以加强原子能的研究。此时，康普顿被授权全面领导这项工作，并决定把链式反应堆的研究集中到芝加哥大学进行。1942 年初，哥伦比亚小组和普林斯顿小组都转移到芝加哥大学，挂上“冶金实验室”的招牌。这就是后来著名的国立阿贡实验室的前身。

在芝加哥大学的这个“冶金实验室”里，费米所领导的小组主要是设计建造反应堆。他们既有分工又有交叉，自觉地、有条不紊地进行着实验研究和工程设计工作。在建造并试验了 30 个亚临界反应堆实验装置的基础上，最后才制订出建造真正反应堆装置的计划。

1942 年 11 月，这个反应堆主体工程正式开工。由于机制石墨砖块、冲压氧化铀元件以及对仪器设备的制造很顺利，工程进展很快。费米的两个“修建队”，一个由津恩领导；另一个由安德森领导，几乎是昼夜不停地工作着。而由威尔森所领导的仪器设备组，也是日夜加班，紧密配合。

反应堆一天天朝着它的最终形象增长。为它工作的人们，神经紧张的程度也在增加。虽然从理论上说，他们明白：在这反应堆里，链式反应是可以控制的。但毕竟是第一次，是不是可控还得用实践来证明。

经过费米的精心计算与研究，反应堆按计划进行。经过 3 个星期的全速建造，一个庞然大物就在芝加哥大学斯塔格运动看台下的网球场建成了。它是由石墨块、铀和氧化铀堆砌而成，堆的中间有许多小孔，内插镉棒。镉棒能吸收中子，用镉棒插入的尺寸来控制反应堆的运行。

1942 年 12 月 1 日，原子堆开始调整，费米觉得已经接近链式反应的临界点。为了防止发生事故，还设计了安全杆，准备在链式反应失控的时候自动打散原子堆。如果自动功能失效，站在旁边的科学家将手持利斧砍断绳索，以释放安全杆。此外还有由三个年轻科学家组成的敢死队，手里拿着装有硫化镉溶液的铁筒站在附近，如果原子堆失控，他们将洒下手中的溶液。

核反应实在是太可怕了，反应堆一旦失控，它不仅关系到在场的科学家的安危，还关系到整个芝加哥的安危。据说费米的夫人劳拉问及费米的工作是否安全时，费米的同事调侃地说："你完全没有必要担心费米的安全。即便他发生不幸，你也不会成为寡妇的，因为那时大家会一起同归于尽。"科学家们对反应堆失控后所发生的严重后果，比任何人都清楚。

12 月 2 日早上，在费米的指导下，开始抽控制棒，每抽出 15 厘米，费米就根据测量的数据进行计算，然后再发出进一步抽棒的指示。下午 3 时 35 分，费米命令将最后一根控制棒再往外抽出 30 厘米，反应堆达到临界点，人类历史上第一次链式反应开始正常运转，所有在场的工作人员都异常兴奋。康普顿立刻小心翼翼地给美国国防研究委员会委员科南特打了个电话，用临时编制的密语把这个"最高机密"告诉了他。"意大利水手（因费米是意大利人，这是暗指费米）已经登上了新大陆。"

电话的另一端问道："当地土人如何？"

“非常友好。”

那时那刻，世界已悄悄进入了原子时代，当时这个反应堆产生的能量非常小。费米用自己的智慧和精确的计算签发了原子时代的出生证。

费米的性格

费米刻苦勤奋、富有正义感，是位了不起的科学家。费米刚到美国不久，即1939年春，便向海军部汇报了关于核裂变的研究情况。当得知德国科学家用慢中子轰击铀，发现铀核裂变释放巨大能量的消息后，费米联合其他科学家写了封信给爱因斯坦署名后送给罗斯福总统，吁请注意德国科学家有生产原子弹的危险。

因此，美国当局拨巨款于1942年组织试制第一枚原子弹，也就是当时的“曼哈顿计划”。他被派负责生产可控制的自持链式核反应的工作。他设计并领导建成了世界上第一座原子核反应堆，同年12月在芝加哥大学实现第一次自持链式核反应，为反法西斯战争作着自己的贡献。在研究工作中，费米是一个踏实谨慎的人。他曾说过：“由于科学研究是一件精雕细琢的工作，不得不要求精密和准确。一个科研工作者特别要具备这样的一系

芝加哥大学一景

李政道

列严谨作风：首先，必须对其所做工作认真负责，绝不敷衍塞责，苟且了事。第二，必须长期脚踏实地、深入细致地工作，而绝不草率从事，漂浮肤浅。第三，在科研工作的每个环节中，都务必要做到小心谨慎，而绝不鲁莽行事、粗心大意。”费米对于年轻的科学家的成长也十分关心，费米自己创建了一个研究生院，并亲自给研究生授课。一大批来自美国和其他国家的年轻人很快慕名来到了芝加哥大学，聚集在费米的身边。这些人后来都成了很有名的物理学家，其中包括盖尔曼和来自中国的杨振宁、李政道等人。芝加哥大学很快成了举世瞩目的物理学研究中心。费米用他无私的心，兢兢业业，为世界科学的发展作出了贡献。费米一生获得很多荣誉，1929 年费米被选进意大利皇家学会，是当时最年轻的会员，他还是英国皇家学会的外国会员。为了纪念他的功绩，在原子物理中以他的名字命名了长度的单位，固体物理中命名了费米面、费米能级等。同时，原子序数为 100 的元素被命名为镄。美国原

杨振宁

子能委员会还专门设立了费米奖金。1954 年他荣获了首次颁发的费米奖。但他从不满足于自己的成就，对于名与利，只以平常心对待。当原子弹试验成功后，他赢得了世界性的称颂，然而他却说："荣誉，只是一顶缀满鲜花的帽子，不小心掉在了我的头上。"令人遗憾的是原子弹试验成功不久有两颗原子弹落在了日本的广岛与长崎，夺去了 50 多万人的生命。这一悲剧发生后，费米陷入了深深的悲痛和自责之中。其实，他并没有错，错的是战争。

研究心得——积累，再积累。费米的研究工作主要是放在高能物理和计算机方面。特别对于高能物理的发展有着巨大的贡献。对宇宙射线的来源的研究同样有出色的成就。战后，他的主要精力转到了教学方面，领导建立了芝加哥学派，培养出了一大批优秀的物理学家，诺贝尔物理学奖获得者李政道和杨振宁都曾是他的学生。1934 年费米提出了衰变的定量理论，这为现代基本粒子相互作用理论奠定了基础。他对中子引起的核反应进行了大量的理论研究工作，并提出热中子散理论。

在 1934 年以后，由于人工放射性的发现，费米开始转向实验工作。他系统地用慢中子轰击整个周期表中的每个元素，并注意观察产生的结果。当慢中子轰击天然元素铀时，引起了铀的裂变。1939 年初，德国两名科学家用铀重复了费米的实验，从而打破了当时认为核裂变几乎是不可能的传统看法，确立了核裂变的观点。此后，费米致力于裂变链式反应的研究，为发展原子弹和原子核反应堆的理论作出了贡献。

费米的成就，是理论和实验相结合的突出体现。他善于运用数学知识，解决实际问题，并善于观察实验中的每一微小变化，这样就使得他在理论和实验方面都取得了巨大成功。费米很注意知识的积累和科研的循序渐进，他曾指出重大的科研成果往往要经过很长时间的连续工作，是要总结一次又一次的微小成果，积累点滴的成果或阶段性成果才取得的。科研工作者要有科研素养，即要有穷究决心。要攻坚不怕堡垒硬；要注意基本训练，认真从事科研的每个环节；要沉着苦干，细水长流；要把失败的经验教训变成继续前进的动力，不要因一次或多次失败而灰心丧气；要谦虚谨慎，不要因微小的成绩而自满，故步自封。如果能够做到这些，就有可能取得最后的胜利。

大小蜥蜴的启示

中学毕业后，费米申请到了比萨高等师范学院的奖学金。他为这项奖学金考试所写的有关弦乐振动的考试答案受到罗马考试委员会赞赏，认为他是一位“异乎寻常的考生”。

比萨高等师范学院一景

1925 年，泡利发现了“不相容原理”。泡利的新发现提示了原子结构从未被发现的新规则。当时费米正在思考一种具有稳定特性的“理想”气体。这种理想气体按什么规律行事？它与泡利的新发现又有什么关系吗？这些问题一直缠绕在费米的脑海里。

一天，费米和法兰科去学校附近的沼泽地抓蜥蜴。

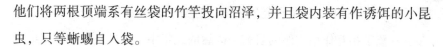

他们将两根顶端系有丝袋的竹竿投向沼泽，并且袋内装有作诱饵的小昆虫，只等蜥蜴自入袋。

“报告长官，前方重型战车大蜥蜴已向我埋伏圈内迈进，方向东北，速度0.17节。”法兰科煞有介事地小声向费米报告。

费米的心思还处于思考泡利不相容原理的状态中，听到法兰科的报告，这才把目光投向前方。不经意地他看见了法兰科未注意到的一个现象：一辆轻型战车（小蜥蜴）正沿着与蜥蜴平行的道路同时向诱饵扑去，大蜥蜴捷足先登，落入袋中；小蜥蜴立即发现情况不妙逃往他处。

费米似乎从中悟出了什么道理，他大叫一声：“太好了！一点没错！”

原来费米想到原子内的电子运动，两蜥蜴的运动就好像两个电子的运动，没有两个电子可以占有同一轨道的原因是没有两个电子可以处于一样的状态（量子态），就像大、小两个蜥蜴具有不同的形体和速度一样。

费米兴奋极了，他马上开始了一篇题为《理想原子气体量子化》的论文，论文中提出了在物理学中很著名的公式，后被称为“费米—狄拉克统计”（因为另一个物理学家保罗·狄拉克也得到了相同的结果）。

这种统计方法可适用电子、质子、中子等粒子，在原子物理、核物理和固体物理中有广泛的用途。

在以后的几年里，费米继续从理论上研究这个问题，为日后原子能的利用作了重要的准备。正是由于这些新发现导致了核物理学的大发展，费米获得了1938年的诺贝尔物理学奖授。当时并没有获知重核裂变的发现，因此在授奖时没有提到这项意义最大的成果。第二次世界大战结束后的1946年，他接受了芝加哥大学核子研究所的教授职务，一直任职到1954年。他在研究所期间，注意力转到高能物理方面，从事介子—核子相互作用问题的研究。以后的几年中，费米从事宇宙射线起源问题的研究。他提出了一种理论，认为，宇宙磁场是一个大的加速器，它可以解释宇宙射线粒子中存在的奇异能量。1954年11月29日，费米在芝加哥逝世，享年仅54岁。

芝加哥大学一景

人 文 之 光

音乐融合之路

一年一度的奥斯卡电影颁奖盛会在美国洛杉矶举行，各国明星云集好莱坞，凭借电影《卧虎藏龙》的巨大成功，他最终获得了最佳原创音乐大奖。这位融合东西方音乐精华的大师，就是当今世界最著名的古典音乐家谭盾。谭盾于1957年出生在湖南省一个偏远农村，他从小就被中国乡村的传统气息所感染，并对音乐产生了浓厚的兴趣。“文革”后，谭盾在北京歌剧团担任二胡演奏员，后来他考入中央音乐学校，1983年，他的音乐作品已经在国内外屡屡获奖。1986年，他获得美国哥伦比亚大学作曲系奖学金，赴美留学。

谭　盾

在国内很有名气的谭盾，到美国一开始也难以十分潇洒，因为在纽约生活，没有钱还是不行的。如果他只是住在哥伦比亚大学校园里，用奖学金应付自己的生活，还可以过得去。但谭盾不想做一个只坐在书斋里的学生，他要充分去体会东西方文化上的不同，寻找音乐上的灵感。于是谭盾一边在哥伦比亚大学这样的高等音乐环境学习音乐，一边到纽约下层的普通人物中间去体会生活。

谭盾在纽约下层艺术家们聚集的格林尼治村附近拉了大约有两个月的小提琴。他所获的钱当然不多，但也拉出了名气更重要的是，他感到自己的路子是对头的。他觉得自己很快就进入了纽约这个美国环境，很大的文化差别、地域差别乃至时差感，一下子就全倒过来了。也就是说，他认为自己已经从一个北京学音乐的人，变成了一个身在纽约的音乐人。

格林尼治一景

在哥伦比亚大学上学两个月后，有人来请他为舞剧作曲，他接到的第一个邀请是为一个西班牙舞蹈团创作舞蹈音乐，为此他得到了 300 美元的报酬。这是他到美国后得到的最大一笔收入，可以解决好些天的吃饭问题。这使他高兴不已。此时他与几个人合住在一套房子里，都是搞艺术的，白天读书，晚上就出去拉琴。

就在这段几乎等同于流浪汉的日子里，他在纽约街头学会了英语。他每天与各种人打交道，与他们交谈，从不会到会，而且有了确切的生活感受。他觉得这种语言能力与文化的感觉是联在一起的。他认为从这种流浪汉式的生活中感觉纽约是很重要的。晚上回到城住所时，他常常能看到许多晃着酒瓶的醉鬼。他们孤独无援在街上晃晃悠悠地走，有的就倒在路边睡着了。谭盾觉得与他们的心贴得很近，很能理解这种人的心境。

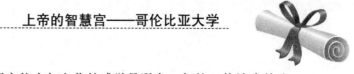

也就是这时候，他弄明白了自己来美国搞音乐的目标与方式。许多到美国搞音乐的中国人通常会有两面的局限，第一是不太想创意，尤其是在艺术领域里，创意方面的想法太少了；第二是总是从中国角度来看世界，衡量世界景象，洞察动态的发展。谭盾认为搞音乐就要有创造，所以他到美国后，坚持按照自己的思路创作，从音乐中更广阔的角度来关注世界。

英国皇家音乐学院

到哥伦比亚大学的第二年，即 1987 年，他的作品获得了巴托克国际比赛首奖，1988 年获新西兰国际杰出作曲奖，在毕业前后，他又多次获国际大奖。1990 年获日本入野义郎作曲比赛首奖，1993 年获美国贝丝最佳舞剧音乐创作奖和日本桑托里委约大奖。到了 1994 年，谭盾更加红火，其交响乐作品专辑被 BBC 评选为 1994 年度全球最佳十大唱片之一，日本文学艺术院也授予他 1994 年度最佳古典音乐唱片大奖。他被《纽约时报》评为“当今国际乐坛最重要的作曲家之一”。

留学期间，他创作的主要作品有《马可波罗》、《九歌》、《鬼戏》、《风的故事》；交响乐作品《易系列》、《死与火》等，同时还有前卫作品《纸乐》、《陶乐》和《水乐》等。

在他毕业后，便以自由音乐人的身份，久居在纽约。他认为纽约是这个世界上最适合他呆的地方。他除了作曲，还不时地要应邀前往世界著名音乐学府如美国朱利亚音乐学院、芬兰西贝柳丝音乐学院、英国皇家音乐学院等院校讲学，并担任德国慕尼黑国际歌剧比赛评委、荷兰国际作曲比赛评委、台湾国际华人作曲比赛评委及美国洛克菲勒委约俄曲大奖评委。

慕尼黑歌剧院

他还不时地会被请去指挥并与世界一些著名乐团合作。这些乐团包括英格兰 BBC 交响乐团、多伦多新音乐乐团、伦敦室内交响乐团、东京交响乐团、荷兰新音乐交响乐团、日内瓦室内乐团以及慕尼黑歌剧院、荷兰歌剧院、纽约格拉斯歌剧院、洛杉矶交响乐团等。

谭盾的作品最优美之处，就是他将传统的中国乐器和西方乐器完美地结合在一起，使其充满了强烈的音乐色彩与幻想，在其音乐的广泛空间中，谭盾用木鼓丝竹注入了自然的声音和道与禅的哲理。

“为什么竖琴只能奏出竖琴的音乐，古琴只能奏出古琴的乐声。它们一定老死不相往来吗?”谭盾喜欢用这样的反问来诠释自己的音乐观。

在奥斯卡颁奖现场，谭盾说：“我的音乐是不受限制的梦想。《卧虎藏龙》融会了东方与西方、浪漫片与动作片以及高雅文化与民间文化的内涵。”在感谢了一大堆人之后，谭盾用他东方式的幽默说：“这项奖也是颁给我家里的两只老虎的——我的妻子和儿子。他们都是属虎的。”

马友友

作为一名古典音乐家，谭盾认为给电影配乐跟给歌剧作曲差不多——它们都很有戏剧性。《卧虎藏龙》中的音乐由三种不同的风格组成：完全的管弦乐，尽可能少的器乐，此外还有打击乐。有一场足足 10 分钟的武打戏，没有一句台词，只有震耳的打击乐。美国人说东方音乐从来没有这么好听过，谭盾与大提琴演奏家马友友共同演绎着逝去年代的中国式的神秘与感伤。

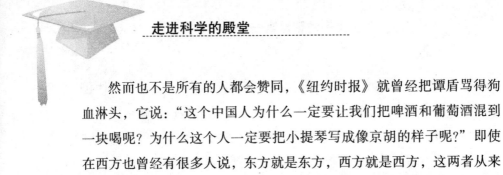

然而也不是所有的人都会赞同，《纽约时报》就曾经把谭盾骂得狗血淋头，它说：“这个中国人为什么一定要让我们把啤酒和葡萄酒混到一块喝呢？为什么这个人一定要把小提琴写成像京胡的样子呢？”即使在西方也曾经有很多人说，东方就是东方，西方就是西方，这两者从来就不可能在一起。多年来，中国艺术家一直在孜孜不倦地探求一条逾越东西方文化鸿沟的道路，这种对话漫长而艰难。在获奖以前谭盾踌躇满志地说：“《卧虎藏龙》开始了一次多元文化融合的新旅程，这再一次证实了中华文化的深厚底蕴是我创作灵感的源泉。”值得一提的是，《卧虎藏龙》的音乐制作全部是在上海完成的。本届奥斯卡的两项提名以及最终获得最佳原创音乐奖，就是西方对于东方音乐家才华的认同与肯定。

正如任何事情的成功都需要长时间的努力，针对人们认为谭盾作曲超级快的谣传，谭盾解释道：“我花了 4 年的时间来谱曲，然后花 10 天把它写出来。”

中央音乐学院

今天，谭盾已经被国际音乐界视为当代古典音乐的大师之一，他的很多传奇故事在流传。“文革”结束不久，谭盾在插队。恰好湖南省京剧团下放演出，整个船都翻了，很多音乐家遭遇不幸。所以中央音乐学院就说，我们一定要招一批农民音乐家来，他就很幸运地作为“农民音乐家”被招进去了。

在美国留学时，很多学生喜欢在一家银行前面拉琴，因为那里可以挣很多钱。有一个黑人学生总是跟谭盾抢地盘。10 年以后谭盾再经过那间银行，发现这个黑人还在那里拉，他把谭盾叫住：“哎，好久没见了，你到哪儿去了?”谭盾说：“我现在在卡内基音乐厅拉。”“那边也可以赚钱吗?”“是，不过，我在里边拉。”

谭盾，这个来自中国的“农民音乐家”，现在在世界各地著名古典音乐殿堂里，让小提琴发出京胡般的声音，把中国的古老文化传播到四方。

垮掉派诗歌的诞生

1952年，美国《纽约时报》上刊登了一篇文章《这就是垮掉的一代》，以此为标志，“垮掉派”作为一个有影响力的社会组成登上了时代的舞台。在20世纪50年代中期到60年代以后，垮掉派文学风靡一时，影响波及了整个美国乃至欧洲。

艾伦·金斯堡出生于纽约附近的一个工业小镇。他的父母都是来自俄罗斯的犹太移民，在政治上十分激进，这对艾伦·金斯堡一生产生了极为重要的影响。在中学时代，金斯堡就认识了诗人威廉·卡勒斯·威廉斯，并受到他在诗歌方面的指点。艾伦·金斯堡于1943年从帕特森的中学毕业，进入纽约哥伦比亚大学攻读经济学专业。在哥大，艾伦·金斯堡结识了他一生中最重要的两个朋友：一个是同在哥大读书的杰克·凯鲁亚克，杰克·凯鲁亚克于1957年出版了“垮掉的一代”代表作《在路上》；另一个是当时寓居纽约的威廉·伯罗斯，

艾伦·金斯堡

威廉·伯罗斯于1959年发表了“垮掉的一代”另一代表作《裸体的午餐》。

1948年，金斯堡从哥伦比亚大学毕业，获文学学士学位。1953年，经威廉斯介绍来到旧金山投奔大名鼎鼎的雷克斯·罗思，落脚在费尔林盖蒂的“城市之光”书店附近，做了一段时间的市场调研员。次年秋开始创作“垮掉的一代”三巨著的第一本——诗集《嚎叫》。1955年10月，金斯堡在6号美术馆举行朗诵会，他在会上朗诵了《嚎叫》的第一部分，在听众中引起强烈反响。1956年，《嚎叫》全诗由“城市之光”书店出版，第一版是在英国印制的。次年，美国海关干涉该诗的第二次印刷，经过旷日持久的审理，法庭宣布海关败诉，认为《嚎叫》不无“社会意义”，这使得金斯堡声名大振，“垮掉派”诗人们也因而成为公众关注的焦点。

哥伦比亚大学一景

艾伦·金斯堡的诗集《嚎叫》共印了36万册，创当代诗集销量的纪录，并从它诞生之日开始就成为青年运动的圣经。20世纪60年代，艾伦·金斯堡主要在印度长期云游。与此同时他还积极投身于反越战的活动。1969 年“垮掉的一代”受到严重的打击，他们中最具有凝聚力的核心人员杰克·凯鲁亚克死在路上。从此以后，艾伦·金斯堡似乎一下子失去了在生活中前冲的动力和勇气，他开始在那罗巴佛学院教授诗歌，生活变得平静而且富有节制。1972 年，艾伦·金斯堡出版了《美国的衰落》，这是他最后一部具有影响力的著作，1974 年获当年度美国“全国图书奖”。1997 年 4 月 5 日，艾伦·金斯堡在其一生中的战友和朋友——威廉·伯罗斯的注视下安详地死去。

艾伦·金斯堡年轻的时候

从成就和影响来说，艾伦·金斯堡都可称作是“垮掉的一代”的代表诗人。对于美国战后文学的研究者来说，无论认同与否，他的长诗《嚎叫》与《祈祷》都是不可忽视的作品。金斯堡的长诗洋洋洒洒，其中既可见惠特曼的遗风，又可见凯鲁亚克散文风格的影响，因而显得充满活力和新鲜感。《卡迪西及其他：1958—1960 年的诗》（1961）和《行星消息》（1968）等诗集中的诗都是这种诗体的佳作。金斯堡的其他诗集还有：《现实三明治》（1963）、《亚美利加的

惠特曼

衰落》(1973)、《白色裹尸布》(1986)等。

金斯堡的诗歌创作活动一直持续到20世纪90年代，但后期的诗都未能超过《嚎叫》。诗人的成名作《嚎叫》因而就成了他唯一的代表作。

人本心理学的创立

罗杰斯·卡尔·兰塞姆，美国心理学家，人本主义心理学的代表之一。兰塞姆于1902年1月8日在美国伊利诺伊的奥克派克出生。1919年考入威斯康星大学，选读农业，后转修历史。1924年获威斯康星大

威斯康星大学

学文学学士学位，同年考上纽约联合神学院。两年后转到哥伦比亚大学读临床心理学和教育心理学，1928年获文科硕士学位。1931年获哲学

博士学位，他曾出任纽约罗切斯特“禁止虐待儿童协会”儿童社会问题研究室主任，罗切斯特儿童指导中心主任，1940 年他成为俄亥俄州立大学心理学教授。1942 年，他的《咨询与心理治疗：实践中的新概念》一书问世。1945 年，他供职于芝加哥大学，出任咨询中心执行秘书。离开芝加哥后，他回到母校威斯康星大学，任心理学教授。1946—1947 年担任美国心理学会主席。1951 年，他出版了《患者中心治疗：它目前的实施、含义和理论》一书，十年后《成为一个人：一个治疗者的心理治疗观点》问世。

兰塞姆的突出贡献在于创立了一种人本主义心理治疗体系，其流行程度仅次于弗洛伊德的精神分析法。兰塞姆认为每个人都生而有之地具有自我实现的趋向，当由社会价值观念内化而成的价值观与原来的自我有冲突时便引起焦虑，为了对付焦虑，人们不得不采取心理防御，这样就限制了个人对其思想和感情的自由表达，削弱了自我实现的能力，从而使人的心理发育处于不完善的状态。而罗杰斯创立的就诊者中心治疗的根本原则就是人为地创造一种绝对的无条件的积极尊重气氛，使就诊者能在这种理想气氛下，修复其被歪曲与受损伤的自我实现潜力，重新走上自我实现、自我完善的心理康庄大道。

哥伦比亚大学与陶行知

陶行知（1891—1946），我国近代著名教育家。原名文俊，又名行知。安徽歙县人。1910 年入金陵大学文科。1914 年留学美国、入伊利诺伊大学攻读市政学，获政治硕士学位。同年秋入哥伦比亚大学研究教育，是杜威、孟禄的学生。

陶行知

约翰·杜威（1859—1952），美国著名哲学家、教育家，实用主义哲学的创始人之一，功能心理学的先驱，美国进步主义教育运动的代表。出生在佛蒙特州柏林顿市附近的农村。杜威在柏林顿市上公立学校，毕业后入本地的佛蒙特大学。大学第四年，他学习了基本的政治、经济、哲学和宗教理论，并产生了浓厚的兴趣。大学毕业后，在中学任教三年。1882 年进霍布金斯大学攻读哲学，受到来自密歇根大学客座教授、新黑格尔主义的主要倡导者莫理斯和 19 世纪德国哲学家黑格尔思想复兴的影响。他发现，这个哲学强调宇宙的精神的和有机的性质，正是他一直在模糊地探索着的东西，他热切地信奉这个哲学。1904 年，由于对大学的教育计划管理和财务方面的意见和芝加哥大学校长不一致，改任哥伦比亚大学哲学教授。他和哥伦比亚的联系达 47 年之久，先是任哲学教授，后任

密歇根大学一景

哲学退休教授。在任教的 25 年中，吸引了国内外成千上万的学生，成为美国最闻名和最有影响的教师之一。

伊利诺伊大学

1914 年，如果陶行知不到美国的伊利诺伊大学学习政治学，他与杜威可能永远也不会相识。陶行知获得学士学位以后，他就转到哥伦比亚大学，在杜威、孟禄门下学习研究生课程，直至 1917 年回国。从那以后到 1946 年他去世时一直待在中国，陶行知把他的毕生精力献给了中国教育的改革

与发展。

1917年秋，陶行知作为一名“教育专员”、受过西方教育的知识分子的身份先后任南京高等师范专科学校教授，东南大学教授、教务主任、教育科主任。五四时期陶行知主张改革旧教育，提倡新教育。提倡女子教育，学生自治等。杜威和孟禄在20年代相继访问了中国，他们的访问使陶行知认识到中国教育的悲惨状况——80%的人民生活在贫困乡村，77%的人口是文盲。从此，他经历了人生的根本性转变，他重新估计了自己作为一名中国人的身份，撕毁了自己像其他归国学者那样获得的“西化”的虚伪面具。20世纪20年代中期，陶行知毅然丢弃了归国学者的上层身份，回到中国普通老百姓的行列。他辞去了大学的职位，来到了乡村过一位普通农民的简朴生活。后来他一直献身于发展中国师范教育和中国普通劳动人民的乡村教育事业。1923年主持创办安

安徽公学旧址

徽公学，兼任校长。同年8月，与朱其慧、晏阳初共同发起成立中华平民教育促进会总会，任执行董事。后赴上海、杭州、南京、安庆、南

昌、武昌等地推行平民教育，多处开办平民识字读书处和平民学校。1927 年 3 月，陶行知创办南京晓庄乡村师范，同年 11 月，创设燕子矶乡村幼稚园，为中国第一所专收农家子女的学前教育机构。1929 年，陶行知派吴庭荣赴淮安创办新安小学，并开始试行“五院制”和“学院制”，先后在晓庄增设民众学校、民众茶园、联村自卫团、晓庄剧社、联村救火会等机构。他认为中国的国情是以农立国，教育应为占中华民族最多数的贫苦农民服务，并提出以普及乡村教育运动来改造中国乡村社会。为此，他系统地提出了生活教育理论的基本观点：“生活即教育，社会即学校”、“教学做合一”等教育思想。

由于陶行知在政治上反对国民党专制统治，拥护孙中山的联俄、联共、扶助农工的“新三民主义”，支持学生反帝反封建的爱国斗争，受到国民党反动派的仇视。1930 年 4 月，晓庄学校被国民党当局查封，陶行知遭通缉，被迫流亡日本。1931 年春，陶行知秘密回国，返回上海。在上海从事“科学下嫁运动”，创办自然学园和儿童科学通讯学校，主编《儿童科学丛书》。次年 10 月创办山海工学团，以“工以养生，学以明生，团以保生”为宗旨，继续试验生活教育理论。后陆续创办晨更、报童、棉纺等工学团。

孙中山

1934 年 1 月，陶行知又发起“小先生运动”，利用识字儿童开展扫盲、普及教育工作，发起成立普及教育协会，并编印《老少通千字课》和《小先生丛书》。

陶行知与其以前的良师益友杜威、孟禄和克伯屈等一直保持着密切的联系，而且不断就自己在中国的工作向他们征求建议和意见。他认为美国是一个先进的民主国家，对帮助中国发展自身的民主体制有所帮助，杜威是中国人民最亲爱的朋友和强有力的支持者。这些感受在陶行知写给杜威的信中是显而易见的。

“九·一八”事变后，陶行知积极投身抗日救亡运动。“一·二九”运动爆发时，与宋庆龄、何香凝、马相伯、沈钧儒、邹韬奋等发起组织上海文化界救国会，为执行委员。1936年初，陶行知发起组织国难教育社，吸收文化教育界爱国人士参加，并与沈钧儒、章乃器、邹韬奋等人发表《团结御侮》宣言。同年，陶行知来到美国寻求支持及为中华抗日运动募资，他曾三次拜访了杜威并说服他同爱因斯坦及其余14名知名学者（其中5位来自哥伦比亚大学）一起在一封给当时中国政府的公开信上签名，督促国民党释放七位爱国知识分子。

邹韬奋

1936年7月，陶行知应邀赴伦敦参加世界新教育第七届年会，并受全国各界救国会委托，为国民外交使节，先后周游亚、非、欧、美各国，宣传抗日救国，向华侨和世界人民开展募捐活动。

1938年，陶行知回国，参加了国民参政会，又致力于战时教育活动。在香港创设中华业余补习学校。次年7月，在重庆创办育才学校并任校长。在完成普通教育的同时，致力于提高学生的专业技能，并把重点放在培养学生的创造精神上。为解决办学经费的严重困难，提出“跟武训学”的口号，四处募捐，使学校维持不辍。同期，该校在中共地下组织和进步人士的支持下，培养了很多革命干部和专业人才。

田 汉

1941 年，陶行知参与发起成立中国民主政团同盟。1945 年，他加入中国民主同盟，任中央常委兼教育委员会主任委员。

1946 年，陶行知在重庆创办社会大学，为失业青年提供补习并开展民主运动。同年 7 月 25 日，陶行知在上海市爱棠路爱棠新村 13 号突发脑溢血症去世。

噩耗传来，沈钧儒、田汉、陆诒、翦伯赞、司徒慧敏匆忙赶到。时任中共代表团团长、驻沪办事处负责人周恩来赶到时，陶行知的手尚有微温。

当日下午，周恩来以十分沉重的心情，向延安拍了一封电报：“如无其他原因，陶先生确实死于劳累过度，健康过损，刺激过深。这是中国人民不可补偿的损失。十年来，陶先生一直跟着毛泽东同志为代表的党的路线走，是一个无保留的党外布尔什维克。我这次去沪，曾意识到陶先生的安全，提出要上海工委劝他休养一时期。话未传到人已不在。假使陶先生临终能说话，我相信他必继韬奋之后请求入党……请中央将南京新华社关于陶先生逝世的报道广播全国。”

宋庆龄

次日上午，上海万国殡仪馆挤满了前来悼祭陶行知的群众。宋庆龄送来巨幅挽联“行知先生千古万世师表”，特别引人注目。中共中央代表团的挽联是：“中国人民教育旗手，民主运动巨星”。

尽管杜威自 1921 年从中国回国以后对中国并未写下点什么，但是据他的女儿介绍，在杜威心中，中国是他最亲近的国家，而且他一直关注着中国的命运和他以前的学子们。在 1946 年陶行知去世的时候，杜威与克伯屈联名发了一个电唁，电文中写到：我们为陶行知而感到无比光荣，因为他为了更好的教育而作出了常人无法想象的、英雄般的牺牲。我们仍活着的人们必须永远记住他及他的伟业。

南京市郊晓庄师范附近的芳山下，在苍松翠柏之间，竖立着一座圆形的水泥浇筑的陶行知墓。墓前建有一座雄伟的牌坊，左右两面石柱上，刻着郭沫若的手迹：“千教万教教人求真，千学万学学做真人”。横梁石碑上刻写着陶先生遒劲醒目的几个大字：“爱满天下”。

陶行知墓

科 技 之 窗

基因突变的发现

缪勒1890年12月21日生于美国纽约，年轻时就读哥伦比亚大学，1916年获哥伦比亚大学哲学博士学位，毕业后一直从事生物学方面的研究，1967年4月5日逝世于美国印第安纳州的印第安纳波利斯。

印第安纳波利斯一景

“上帝”意志的改变者

就在第二次世界大战快要结束的时候，原子弹横空出世，广岛和长崎成为试验田。然而，这一消息带给人类除了震惊以外，没有像缪勒那样对这一事件的生物学意义在细节方面有更多的了解。

当美国总统杜鲁门宣布一种可怕的新式武器已经在广岛使用时，科学家普遍反对使用这种武器，因为它的杀伤力太大了，也给人类的生存带来威胁。

其实，缪勒在德克萨斯大学任教时，就潜心研究这个课题。突变是遗传物质的一种可遗传的变化。基因通常是稳定的，但也可能发生变化，生物学上称为基因突变。基因一旦发生突变，它便照着改变了的样子复制，将新的遗传性状传递给后代。由于基因自发突变的频率很低，直接检查其频率有困难。缪勒用 X 射线照射果蝇，观察到 X 染色体突变频率明显地增加，这就是使用人工方法改变生物遗传的变化，缪勒用的就是这种方法。

德克萨斯州大学

在不少宗教理论中，“上帝”制造了人，上帝无时无刻不在，人体各方面功能都是上帝的意志。科学家不相信上帝创造了人，相当一部分科学家认为，自然界的选择——适者生存劣者淘汰是人类进化的动力，自然界这个“上帝”的选择决定了人类的进化。而缪勒的工作则向世界宣布，地球上生命的遗传物质有史以来第一次被人工诱导后发生了突变。而缪勒正是这个“上帝”意志的改变者。

幼时的兴趣，改变了他的一生

每年夏天，缪勒一家人总喜欢到阿迪朗达克山，或者是到哈德逊河边度假。那里空气新鲜，环境优美，更重要的是那里还没有被人类的活动污染。缪勒 3 岁时，就跟着父亲沿着阿迪朗达克山的羊肠小道徒步远行。路边长满了漂亮的野花、野草，但是缪勒最感兴趣的还是活动在草丛中的小动物。他经常离开大人，一头扎进长得很高的草丛里，那些跳

哈德逊河

得很高的蚱蜢能把他引诱到草丛深处。他左扑右抓，很难捉到那些跳高“健将”，于是小缪勒改变了“战术”，悄悄地从背后接近蚱蜢。蚱蜢似乎没有发现入侵的敌人，小缪勒可高兴了，他举着双手猛然扑向蚱蜢。就在他将要捉住蚱蜢的那一瞬间，蚱蜢起跳了，它逃向草丛的深处，不见影踪。

父母紧跟在小缪勒的身后，他们不放心，因为这里常有狼躲在里边。缪勒跑得太快了，太远了，在他的心里只有小动物，这些小生命多么令他喜欢呀。父亲在后面一路小跑，气喘吁吁，“慢点跑，小心有狼!”小缪勒不得不停下来，此时父母也从后面赶上来了。大家悄悄地蹲下，细听着周围的动静，寻找野狼在附近活动时发出的声响，以便更好地对付野狼。

小缪勒常常在白云悠悠的蓝天下徜徉，在父母的帮助下，去捉蚱蜢和许多小虫子，他把它们高高兴兴地喂养起来了。在以后的日子里，小缪勒第一件事就是给他的小动物喂食、喂水。

一次，小缪勒在夏天出外游玩时跌断了腿，只好躺在床上休养。他想念蓝天白云和那些绿色的草地，更想见到活跃在草丛中的那些可爱的小“天使”。可是摔伤了腿，这些美好的事情都不能实现了。就在小缪勒养伤期间，经常有医生来看望小缪勒，常常来的有莱昂斯医生、布尔医生和沃尔夫医生。一天，小缪勒突然大笑起来，妈妈问他笑什么，小缪勒笑着说：“狮子、公牛和狼医生。”妈妈听了也不禁笑出了声。原来，莱昂斯医生、布尔医生和沃尔夫医生的名字的字母拼写分别与这几种动物相同或基本上一致。“真是淘气鬼。”他母亲嗔骂道。

小缪勒对动物简直着了魔，也许正是这种魔力使缪勒在研究人类基因突变的过程中发挥出了巨大的作用吧!

走上遗传学研究的领路人——马足进化标本

小时候，只要缪勒的父亲有空闲时间，便向小缪勒讲述大自然中的现象。晚上父亲指着夜空中的繁星，告诉他星座的位置，有时候也讲一些科学家，像哥白尼等人的故事。宇宙的奥秘和传奇有着巨大的吸引力，缪勒6岁的时候，曾特别想当一名天文学家。但是另一个事情却改变了缪勒的理想。

哥白尼

有一次，父亲带他到美国自然史博物馆参观，那时的缪勒只有8岁。这是一座建于1773年的大型自然史博物馆，那里收藏了许多有价值的标本。小缪勒在父亲的带领下，东看一看，西摸一摸，高大的恐龙标本的确很宏伟，但是缪勒只在那里停留了一会儿，便走开了。他跑到巨大的鲸鱼标本前面，大为赞叹，世上竟有这么大的动物。

不一会儿，小缪勒在陈列一系列马化石的马足标本前停下了脚步。缪勒好像被什么吸住了一样，这真是一件奇怪的事情，有指头的马足，竟然能变成马蹄子。在父亲的解释下，缪勒弄明白了，原来那些以草为生的马在强大的食肉动物面前，只有跑得快才能生存下去。由于中趾发达的马跑得快，他们就得以生存下来，并繁殖了更多的后代。这些后代中中趾更发达的马，其生存能力更强，经过无数代之后，马的中趾就演变成了现在所看到的样子。

小缪勒深深记下了那个实物标本，从那时起，在缪勒的脑海里经常有这样的想法，既然自然能够发生逐渐进化的过程，那么人类最终也能控制这个过程，并用来为人类造福。

缪勒以优异的成绩从中学毕业，考入了哥伦比亚大学动物系。由于他从小对动物有特殊的情感，他把遗传学作为主攻的方向，在威尔逊主任的指导下，开始用遗传学的观点来思考生物问题。从这一思路出发，

美国自然博物馆

佛朗哥

使他能够考虑到外界的刺激诱发基因的突变。但是，光有正确的思想是远远不够的，还需要不懈的努力。在50多年的科学研究生涯中，他每周工作7天，每天一干就是12个小时。他曾经到西班牙参加反对佛朗哥法西斯独裁的战斗，在炮火连天的马德里保卫战中他负责输血工作，他在战斗的间隙仍然静下心来思考他的实验方案。

诺贝尔奖获得者的流浪历程

也许，成功必须历经千辛万苦，必须具有坚定的信心和顽强的意志以及不屈的精神。正当缪勒准备大施拳脚时，意外的事情发生了，以至于他流浪异国……

摩尔根研究的课题是利用果蝇自然突变体了解变异后的基因在染色体中的位置。他发表了自己倾注全部精力绘制的染色体的基因位置图，并因此获诺贝尔奖。然而缪勒声称，该设想是自己提出的，被博士窃取了，博士当然对此表示强烈地反对。

缪勒为了与老师一比高低，决定开发人工诱发果蝇产生突变的方法，该方法可以提高实验率。他用 X 射线照射果蝇，结果突变增加的程度与辐射剂量成正比。证明经 X 射线照射后，突变频率提高了很多。这是确信无疑的。

然而就在他设法完成诱发突变这一划时代方法的同时，他又和大学发生了矛盾，无奈他只得赴纳粹统治下的德国，后来辗转到了苏联。

在苏联，他与李森科学派（前苏联农学家李森科的遗传学说）对立。李森科学派认为，遗传是受环境影响的。仔细研究起来，这一学说是否定遗传基因存在的，缪勒当然不能容忍了。出于这个原因，他在苏联难以长期生活，最终不得不再一次返回美国。

摩尔根

缪勒就是这样，为了理想而在人生旅途上徘徊。不过，他发明的诱发突变法已牢牢地在遗传学上扎了根，给遗传学带来了非凡的进展。他自己也因这一发现而获 1946 年诺贝尔生理学医学奖。

缪勒对辐射会引起突变的危险发出直言不讳的警告，对于世人更加谨慎地使用 X 射线，以及最终促成禁止核试验的国际条约的签订，可以说是起到了很大的推动作用。

磁共振的妙用

有一则广为流传的关于拉比的故事，讲的是二战英雄艾森豪威尔在1952年接受哥伦比亚大学的邀请，担任该校的校长。上任伊始，艾森豪威尔在下属的陪同下巡视校园，会见校董会和学生，最后参加了学校

哥伦比亚大学一景

教授为他举行的欢迎大会。在一阵热烈的掌声之后，将军致辞。他首先谦恭地对有机会会见全体哥伦比亚大学的“雇员”们表示万分的荣幸。这时，只见德高望重的物理学教授，诺贝尔奖得主拉比教授站了起来，

说：“先生，教授们并不是哥伦比亚大学的‘雇员’，教授们就是哥伦比亚大学。”拉比，何许人也？他就是首先应用磁共振并有许多发明的伟大科学家，为科学的发展作出了巨大贡献的哥伦比亚大学教授。然而这位科学巨人既不是来自富豪之家，也不是出自书香门第，而是来自社会最底层的贫民窟。

成　长

1898年7月29日，拉比出生在波兰境内邻近捷克和斯洛伐克一个叫莱曼诺夫的小村庄。这个地方当时为奥匈帝国管辖，是个十分贫穷的地区。拉比一家可谓生活在饥寒交迫之中。在拉比出生的第二年，拉比20出头的父亲，就因生活所迫，不得不与弱妻幼子洒泪告别，远涉重洋，到美国纽约谋生。但美国并非天堂，尤其贫富悬殊，对比十分鲜明。拉比的父亲只能栖身东城的棚户区，咬紧牙关、含辛茹苦到处卖苦力，打短工，拼死拼活经过几个春秋才把妻小接到美国。拉比后来回忆他们当时所在的贫民窟的情景时说，他们住的那个地方全部是穷人，多为外籍人，而且人满为患，拥挤不堪，到处是污水、垃圾，臭气熏天，人们行乞、卖身，啼饥号寒，一片惨相，真是不堪回首！

小拉比就是在这样的生活环境下度过童年的，在这样的家庭里也没能受到好的教育，仅仅能在街头巷尾学上几句粗俗的英语。这种境遇在他幼小的心灵中留下了毕生难忘的印象。在拉比9岁那年，他们一家搬到纽约郊区，他才得以进了一所小学上学。贫困与愚昧是紧紧连在一起的，拉比与别的孩子相比，上学晚了一步，在未上学时，他脑子里装的只是一些听来的鬼神故事。拉比一旦有了学习机会，就如饥似渴地扑在书本上，哥白尼的学说粉碎了他那小脑袋瓜里的各种鬼神偶像。小拉比坚信，人只要有志气，有决心和毅力，失去的一切都能夺回来。他对各种知识都有浓厚兴趣，日月星辰、雾雨雷电，他都要问一个为什么，都想弄懂其中的奥秘。他父母都读书不多，知识有限，对小拉比的各种提问，往往不能回答。小拉比只好向书本求教，父母也非常支持他，热情鼓励他。大约从 10 岁开始，拉比就成了市图书馆的常客。上中学后，便形成了一种规定：每星期一去图书馆借五六本书回家，抓紧一切时间阅读，每到周末，必须全部读完，送回图书馆。刻苦的攻读大大丰富了他的头脑，使他不仅了解了社会，也有了坚实的基础知识体系。

小拉比热爱读书，刻苦用功，同时还喜欢做实验。他 11 岁那年便和几个小伙伴几经周折征得有关部门同意，在几幢邻近的楼房之间进行收发报的实验。进入中学后，拉比一面苦读，一面省吃俭用，攒集零钱，购买参考书和零件进行各种小实验，竟找到了一种制电容的新方法。他还在一本成人杂志《现代电学》上发表了文章，这又一次显露出他对物理学的兴趣。

康奈尔大学

1919 年，拉比在纽约的康奈尔大学获化学学士学位。随后他从事过三年非科学的职业，于 1922 年开始在康乃尔大学当物理专业的研究生，后转到哥伦比亚大学继续当研究生。1927 年在哥伦比亚大学以“晶体的主磁导率”论文获博士学位。从此拉比就长期工作于直接或间接与磁场有关的领域。在其博士论文中，他发明了一种新颖而简单的方法，用以确定单晶的感应椭球，由此可以达到极高的精确度的目的。这一方法后来成了磁化学的基础。

磁共振的应用

1927 年，拉比获哥伦比亚大学巴纳德奖学金，并从同年起开始到汉堡斯特恩实验室工作。1929 年拉比返回美国后，被任命为哥伦比亚大学的理论物理学讲师，经过几次提升之后，在 1937 年成为教授。1940 年，拉比借学术休假到马萨诸塞州坎伯利基的麻省理工学院，当上了该校辐射实验室的副主任，这个实验室的任务是研制雷达和原子弹。从 1940 年到 1945 年，拉比参与军事研究，他主要从事微波雷达研究。这项工作自然是以前分子束实验研究的继续。

麻省理工大学

拉比的最大贡献是发展了斯特恩的分子束方法，并将之用于磁共振。分子束磁共振在研究原子和原子核特性方面有独特的功能，后来形成了一系列物理学分支。拉比是斯特恩的学生，他深深地被斯特恩开创的分子束和原子束的实验方法所吸引。斯特恩和盖拉赫在 1922 年用这种方法发现了空间量子化，得到了广泛赞誉。拉比在斯恩特的实验室工作了一年，做了许多实验，用分子束和原子束方法研究分子和原子现象。拉比在欧洲各地学习了两年，除了斯特恩以外，还向许多著名科学家求教，其中有索末菲、玻尔、泡利和海森堡。他采用一种使原子束（分子束）偏转的新方法，使原子磁矩的测量达到更高的精确度。在他 1929 年返回美国后，他用这种方法研究原子能级的超精细结构。他和他的学生科恩用一种复杂的偏转系统，利用在弱磁场中钠原子束的选定部分偏转，演示了钠实际上有四个超精细子能级，后来进一步发展为零矩方法，由此即可计算出核磁矩来。

卢瑟福

核磁矩的研究在原子核物理学中占有非常重要的地位。它是描述原子核的电磁特性和内部结构不可少的基本概念。自从 1911 年卢瑟福根据 α 粒子大角度散射实验提出原子中有核以来，人们就认识到原子核具有内部结构，可以看成是一个电性的力学系统。泡利为了解释原子光谱的超微结构，1924 年提出核自旋的概念，并把超微结构看成是核自旋与外电子轨道运动相互作用的结果，从原子光谱的超微结构可以推算原子核的自旋角动量和磁矩。但是不够精确。根据狄拉克理论，可以预言原子核的磁矩。可是，斯特恩用实验方法证实了它的错误。这是斯特恩对核磁矩的研究的重大功劳。

1926 年，斯特恩提出可用分子束实验测定核磁矩。1933 年，他与弗利胥、爱斯特曼等用分子束实验装置测量了氢核（质子）和氘核的磁矩。结果表明：质子磁矩比狄拉克理论预言的大 2.5 倍左右，而氘核磁矩则介乎 0.5 到 1 个核磁矩之间。由于氘核是由质子和中子组成，从而显示了中子磁矩的存在。斯特恩第一次直接地测定了质子的磁矩，但其结果还是不够精确，误差约为 10%，他的实验方法也有需要改进的地方。接着对核磁矩进行精确测量的是拉比。拉比受荷兰物理学家哥特的启发，于 1938 年把射频共振法应用于分子束技术，创立了分子束共振法。

实际上在 20 世纪 30 年代的前后，拉比几乎把全部精力都倾注于磁学、分子束流、量子力学的研究上，经过多年艰苦卓绝的不懈耕耘，终于结出了硕果，发现了著名的核磁共振方法，同时用这一方法测出了多种原子核的核动量矩。这一研究成果不仅在理论上有重大意义，而且具有广泛的应用价值。拉比的核磁共振方法发明以来，各种核磁共振仪器也先后被研制出来，在物理、化学、生理、冶金、地质等方面有着特别的用途。用于医学上的核磁共振仪器是到目前为止最先进的医学仪器，用它来检查身体各个部位简直是轻而易举，身体上的任何不正常在它的审视之下均一目了然，拉比因为在这方面的杰出成就而荣获 1944 年诺贝尔物理学奖。

原子钟

20 世纪 30 年代，拉比和他的学生们在哥伦比亚大学的实验室里研究原子和原子核的基本特性。也就是在这里，他们在依靠这种原子计时器来制造时钟方面，迈出了有价值的第一步。在其研究过程中，拉比发明了一种被称为磁共振的技术。依靠这项技术，他便能够测量出原子的自然共振频率。他还首先提出“要讨论讨论这样一个想法”（他的学生这样说道），也就是这些共振频率的准确性如此之高，完全可以用来制作高精度的时钟。他还特别提出要利用所谓原子的“超精细跃迁”的频率。这种超精细跃迁指的是随原子核和电子之间不同的磁作用变化而引起的两种具有细微能量差别的状态之间的跃迁。

哥伦比亚大学

在这种时钟里，一束处于某一特定“超精细状态”的原子束穿过一个振荡电磁场。当原子的超精细跃迁频率越接近磁场的振荡频率，原子从磁场中吸收的能量就越多，从而产生从原始超精细状态到另一状态的跃迁。通过一个反馈回路，人们能够调整振荡场的频率直到所有的原子完成跃迁。原子钟就是利用振荡场的频率即保持与原子的共振频率完全相同的频率作为产生时间脉冲的节拍器。

拉比本人并没有深入到制造这种时钟的工作，但其他的研究者仍继续工作，改进这个想法和技术。1949 年，拉比的学生诺曼·兰姆赛所作的研究表明如果让原子束通过振荡场两次的话便能得到更精确的时钟。为此，兰姆赛于 1989 年获得了诺贝尔奖。战后，美国国家标准局和英国国家物理实验室共同致力于制定基于拉比和其学生所做的原子共振研究的原子时间标准。国家物理实验室的路易斯·埃森和约翰·帕里共同建造了世界上第一台原子钟，但这台时钟所需的仪器竟占据了整个房间。拉比的另一位老同事杰罗德·扎奇里亚斯来自麻省理工学院，他也试图将原子钟改进成具有实际用途的装置。扎奇里亚斯计划建造一个被他称作为“原子喷泉”的装置，这台设想中的原子钟将十分精确，完全可以用来研究爱因斯坦提到的重力对时间的影响。在实际中，他制造的原子钟规模更小，竟可以从一个实验室推到另一个实验室。1954 年，扎奇里亚斯加入到位于马萨诸塞州马尔登的松下公司，制造以便携仪器构成的用于商业目的的原子钟。两年之后，该公司制造出第一台用于商业目的的原子钟“Atomichron”，在后来的四年里共卖出了 50 台。今天我们在 GPS 系统中所采用的原子钟都是从 Atomichron 演变来的。

爱因斯坦

1967 年，由于原子钟的研究取得了丰富的成果，人们重新给秒下了定义，即按照铯原子的振荡频率来制定。今天的原子钟的精度可以达到每十万年误差不超过一秒。与此同时，物理学家们继续在对拉比及其学生提出的原子共振的想法实验新的方法，并应用到原子钟上。今天的许多原子钟采用的就是光泵激铷原子来代替铯原子。铷钟比铯钟更小而且便宜得多，但精度并不如后者高。几十年来，铯束钟、氢微波激射钟和铷钟这三种时钟在空间领域发挥着重要作用，要么是被安装在卫星上，要么是安装在地面控制系统里。GPS 系统的卫星最终必须依赖这些和拉比几十年前所构想出的时钟相似的铯钟。

公职期间的正直

拉比不仅在理论物理学方面成就卓著，他还是一位优秀的技术发明专家。在第二次世界大战期间，他参加了原子弹研制工作，是原子弹计

麻省理工学院

划顾问之一，1945 年，他亲临现场，指导在新墨西哥州沙漠试验场进行的原子弹首次爆炸试验。拉比还是美国雷达研制工作的负责人之一，

曾担任过美国原子能委员会顾问委员会主席。二战期间，部分由于德国纳粹的反犹太政策的反作用，拉比急切地愿意帮助美国政府准备和进行第二次世界大战。1940 年，他志愿服务于麻省理工学院辐射实验室。

拉比很快被提升为副主任。他对实验室的雷达技术的进展作出了意义重大的贡献。他还非正式地向当时洛斯·阿拉莫斯原子能研究中心的主任 J. 罗伯特·奥本海默提过建议。战争结束后，他正式提出了原子钟的概念，这种技术后来被公认为是最能精确计时的。

拉比为政府服务，担任过各种职务，不久后还担任了原子能委员会总顾问委员会主席。1950 年，他促进了欧洲原子能研究中心的建立，后来这一中心改称为欧洲核子研究中心。他以国防动员局科学顾问委员会主席的身份，亲自向美国总统杜鲁门和艾森豪威尔提供建议。1957 年，拉比协助、促进对国防动员局进行改组以便对美国总统作出更快的反应。

拉比从未忘记他对社会应该担负的责任。他认为，氢弹的极其大规模的毁灭作用使之成为大屠杀的工具，但是，他没能成功地制止氢弹的制造。他反对原子能委员会 1954 年解除 J. 罗伯特·奥本海默参加保密工作的批准，认为这不过是卑鄙的政治行动而不是保护机密的合法作为。

杜鲁门

在他为政府服务的整个 20 世纪 40 年代和 50 年代，尤其是在 50 年代以后，拉比还抽出时间在哥伦比亚大学教学。他在自己的著作《科学：文化的中心》中，呼吁把自然科学教育同人文学科教育结合起来，以确保对科学技术的明智运用。他作为联合国教科文组织成员积极发起国际合作以进行大规模物理实验室的建立，例如欧洲核子研究中心的创建。他还是布鲁克海文原子研究国家实验室的奠基人之一。他在那里参加了和平利用原子能的研究。1964 年拉比成为第一位哥伦比亚大学全职教授。1988 年 1 月 11 日，拉比在纽约逝世，享年 90 岁。

探索宇宙的起源

1965 年 5 月 13 日，彭齐亚斯、威尔逊公布了他们的研究结果。彭齐亚斯等人发现的宇宙微波背景辐射使大爆炸理论得到了科学实验的证实，是探索宇宙起源的关键性突破，因此被科学家们认为是 20 世纪最重大的科学发现之一。这一年，彭齐亚斯 32 岁。

有幸成助理，喜遇一流科学家

1954 年，彭齐亚斯大学毕业后到美国陆军当了两年雷达技术军官。

彭齐亚斯

当他从部队退役时，恰好哥伦比亚大学辐射实验室需要一名研究助理。这是一个十分著名的实验室，有许多世界一流的科学家在这里从事研究工作，因此申请这个职位的年轻人很多，其中不乏名牌大学的毕业生、硕士生甚至博士生，彭齐亚斯如果仅凭学历是无法与其他人竞争的。但他小时候做木工活和在军队中从事电子技术工作的经历，使他擅长仪器设备的操作、维修与研制，于是他从众多申请者中幸运地被选中了。

在哥伦比亚大学辐射实验室，彭齐亚斯有幸在1944年诺贝尔物理学奖获得者拉比、1955年诺贝尔物理学奖获得者库什和1964年诺贝尔物理学奖获得者汤斯等人的指导下学习和研究。1961年完成论文之后，彭齐亚斯在新泽西州霍尔姆德尔的贝尔实验室得到了一份临时的工作。

当时贝尔实验室是著名的美国电报电话公司属下的研究机构，由电话的发明人、美国著名科学家贝尔创立。这里拥有最先进的仪器设备，产生过许多重要的科学发现和技术发明，网罗了一大批一流的科学家和技术专家，有11名荣获诺贝尔物理学奖的科学家曾在这里工作过。一般企业的研究机构只允许研究人员从事与本企业产品有关的研究课题，要服从企业经营的需要，并对外进行技术保密。而贝尔实验室则截然不同，它为从事科学研究创造了最适宜的氛围——努力让科学家在没有设定的框框下进行研究，允许研究人员从事与企业经营项目无直接关系的研究课题，甚至是一些基础科学和理论学术性的课题，为其提供大量经费；允许研究人员对各种问题提出异议；还允许研究人员与其他科学机构进行广泛的交流。彭齐亚斯感叹地说：“这里的每个人都拥有比他们想象还多的自由。”贝尔实验室辉煌的历史也激励着彭齐亚斯，使他犹如一匹即将脱缰的野马，急欲在科学的领域里纵情驰骋。彭齐亚斯的才干受到了科学家和上司们的赏识，无线电研究实验室主任卢迪·康普费希望他能在贝尔实验室长期工作。彭齐亚斯立即接受了这项建议，并把自己此后几十

贝　尔

年的心血与追求全部献给了贝尔实验室。

彭齐亚斯是犹太人，1923 年 4 月 26 日出生于德国的慕尼黑。他的父亲原本是个木匠，后来开了一家皮革厂。到彭齐亚斯出生时，父亲已经积攒了一笔可观的家产，俨然是一个中产阶级。小彭齐亚斯还没来得及充分享受本该是金色的童年，纳粹的魔影就已笼罩在他家的头顶，并彻底改变了他的人生之旅。父亲的工厂已被没收了，父母带着孩子和仅剩下的一点家当，踏上了东去的列车。

慕尼黑

火车由西向东穿越了已被德国吞并了的奥地利，来到了与波兰接壤的一个小镇。旅客们进入波兰境内后，被赶进了一座大房子。在这里，他们要等候波兰边防警察的检查验证，才能被波兰政府批准接收。但是，彭齐亚斯一家很快又被波兰方面从大房子里轰了出来，驱逐回了奥地利境内。原来，当时波兰政府也有严重的排犹倾向，他们并不欢迎这些来自德国的犹太人。他们以这批难民已经过了波兰政府规定的期限为名，拒绝接收。彭齐亚斯一家只得又返回到慕尼黑。

小小的彭齐亚斯当然无法意识到世间的险恶，也来不及知道世途的险恶。他甚至还认为那间大房子十分有趣。他没有想到，正是由于“迟到”，使他们与死神擦肩而过。彭齐亚斯后来回忆说：“我记得那次旅行以及那间大房子，但我当时并不知道害怕。许多年以后，我得知‘及时’到达的人都被赶到雪地里露营，有一多半的人被冻死了。”而且在一年以后，德国入侵并占领了波兰，那些没有被冻死的犹太人大多数又被德军屠杀或送入死亡集中营。彭齐亚斯一家因为“迟到”，“幸运”地躲过了一场劫难。

波兰一景

万分之一的机会，十万分的努力，辗转逃美国

返回慕尼黑后，父亲明白还会有无法预测的厄运在等待着他们。他不像有些犹太人那样，在困境中只知唉声叹气，束手待毙。他认为哪怕只有万分之一的机会，也要付出十万分的努力，设法使一家人离开德国。在国际人道主义组织的呼吁下，英国政府同意接收 1 万名犹太少年儿童。父亲历经磨难，千方百计，好不容易才为自己的孩子争取到了两个名额。就在彭齐亚斯 6 岁生日之后不久，一天晚上，父亲将他和弟弟冈瑟送进一列开往大西洋海岸的列车，从那里再乘船前往英国。小兄弟俩各拿一只父母给准备好的手提袋，上面写有孩子名字的第一个字母，每人兜里还揣了一包糖。父母嘱咐彭齐亚斯要坚强，并要照顾好弟弟。就这样，残酷的现实世界使彭齐亚斯一下子长大了许多。当火车开动的时候，他像个“小大人”似地对弟弟说：“现在我们必须独立了。”

小彭齐亚斯兄弟俩离开德国后不久，父亲为母亲搞到了最后一批移民出境许可证，而父亲自己则设法偷渡到了英国，一家人得以在伦敦团聚。彭齐亚斯的父母可以说是从德国流亡到英国的最后一批犹太人。因为两个星期后第二次世界大战就全面爆发了，英国与德国成为交战国，再想平安地离开德国几乎是没有可能了。

其实英国也不愿意接收这些犹太难民，而只是为他们提供一个临时的避难所，作为他们移民到其他国家之前的一个中转站。父亲是一个做事有远见、有计划的人，还在慕尼黑时，他就已想好了要把全家带到美国，并在前一年就预订好了从英国赴美的船票。1939 年 12 月，全家人乘船前往美国。由于是在战争期间，这艘轮船在甲板上安装了一门 3 英寸口径的大炮。它是此次旅行给小彭齐亚斯留下印象最深刻的东西，他围着这门灰色的大炮转来转去，这可能是出于一个男孩子的天性吧。

没有了财富，没有了故土，还有智慧和知识在伴随

彭齐亚斯一家丧失了一切财产，也被迫背井离乡。如此惨痛的打击令父母失去了生活的信心，他们意识到：财富可能会丢失，可能会被人抢走，而智慧和知识却会永远伴随着自己，并将帮助自己改变命运。1940 年 1 月，彭齐亚斯全家抵达纽约。刚刚结束了颠沛流离的生活，父母做的第一件事就是将彭齐亚斯和弟弟送进学校学习。

后来，父亲成为一家公寓的勤杂工，他们全家也因此成为这家公寓的“特殊人物”，住进了一间不用付房租的地下室，这等于是给彭齐亚斯一家增加了一笔“额外收入”，并解决了住所的燃眉之急。母亲则在家中给人洗衣服，并可以照顾孩子。

彭齐亚斯从父母的言传中懂得了只有拥有智慧和知识的人才是真正富有的人，并且通过父母的身教明白了不能向命运低头，只有依靠自己的努力去掌握自己的命运。他十分珍惜来之不易的学习机会，他知道唯有加倍刻苦学习才能对得起父母。他从迈进校门，到最后获得博士学位，一直都是学习上的佼佼者。他还经常帮助母亲料理家务，并跟着父亲学会了木工手艺，修理家中的破旧家具。

彭齐亚斯以优异的成绩结束了他的中学时代，凭他的学习成绩本可以考进一所名牌大学，但贫寒的家境使他选择了收费低廉的纽约城市学院。

微弱噪声藏机密

1963 年初，彭齐亚斯同威尔逊一起把一台卫星通讯接收设备改为射电望远镜，进行射电天文学研究。原有设备是为接收从“回声”卫

星上反射回来的信号而建造的。他们改装成的射电望远镜主要由天线和辐射计组成。喇叭形反射天线宽约6米，由一个逐渐扩展的方形波导管（相当于喇叭）和一个扇形旋转抛物面反射器组成。喇叭的顶点跟抛物面的焦点重合，沿着抛物面轴线传播的平面波，聚焦到顶点的辐射计接收。测量辐射强度所用的辐射计安放在喇叭顶端的小室内，以减小噪声。他们装备了噪声最低的红宝石微波激射器，因此灵敏度有了保证。在正式工作之前，必须精确测量天线本身和背景的噪声，为此他们把天线与一个参考噪声源相比较。他们采用液氦致冷的一段波导管作参考噪声源，它产生确定功率的噪声。由于这样的参考噪声源的功率只由平衡热辐射的特性决定，因此可取为噪声的基准。噪声功率一般用等效温度来表示。比较的结果是：总的天线温度测量值的误差估计是0.3K，实验结果在天顶处所测得的总天线温度是6.7±0.3K。

射电望远镜

根据他们第一次公布的数据，可以看到他们对天线各项噪声的等效温度作了具体分析。他们惊奇地发现，多余温度值3.5K远大于实验误差 1K，如果找不到原因，并将其加以消除，他们是无法进行下一步测量计划的。

他们用了差不多一年的时间，耐心地找寻和分析可能产生多余温度的原因：会不会是银河系外离散源与银河系对天线产生了这一多余的温度？经过反复测试排除了这一可能性。会不会是从地面来的噪声？不会，他们以精确的实验证明，背景的噪声值非常低。

于是他们只好把天线本身看作是多余噪声的来源。他们清洗和准直各部件之间的接头，在喇叭的铆接处贴上铝带以减小损耗，这样做仅仅使天线温度略有降低，对总的结果不会有任何影响。

普林斯顿大学一景

1964 年 5 月，彭齐亚斯与贝尔实验室的另一位年轻科学家威尔逊一起，在克劳福特山上检测一架射电天文望远镜喇叭形低噪声天线的性能。他们很偶然地发现了一种奇怪的噪声，它非常微弱，却引起了彭齐亚斯的注意。他发现在喇叭管里栖息着一对鸽子并拉了一层白色粪便。

他们觉得已经找到了原因！他立即清洗了整个设备并仔细检查了天线的各个焊接点。然而，不管他们如何努力，却始终不能排除这种奇怪的噪声。彭齐亚斯以敏锐的科学洞察力意识到：这不是设备本身的问题，这一异常现象的背后肯定有不寻常的原因。他们经过计算确认：这一噪声相当于宇宙背景中有比预期高约 2.74K（绝对温标值）的背景辐射温度。

当时，普林斯顿大学迪克教授领导的研究小组根据俄国物理学家伽莫夫 1946 年提出的关于宇宙起源的“大爆炸”理论认为：宇宙早期高热、高凝聚状态的残留物存在一种热背景辐射。为了验证这一理论，迪克小组使用一台小型射电望远镜探测宇宙空间的背景辐射温度。由于设备的原因，尽管他们做了很大努力，但始终未能如愿。彭齐亚斯得知这一消息后，立即与迪克小组进行了深入的交流和研讨。双方的合作，使理论与实验相得益彰，研究最终取得了关键性的突破。

1978 年，由于上述重大发现，彭齐亚斯和威尔逊共同登上了诺贝尔物理学奖的领奖台，而迪克等人则与诺贝尔奖无缘。这真应了中国的那句俗话：“有心栽花花不开，无心插柳柳成荫。”难怪彭齐亚斯的同事伊凡·卡米诺说他是“一个不平常的幸运家伙”，“他们寻找鸽子粪，却发现了金子”。

威尔逊

华人的骄傲

哥伦比亚大学最年轻的教授

1953 年，李政道成为纽约哥伦比亚大学助理教授，并于 1956 年被提升为正教授，当时他是哥伦比亚大学最年轻的正教授。李政道一生的研究生涯几乎都与哥伦比亚大学息息相关。

青年时期的李政道

在哥伦比亚大学时，李政道首先在场理论方面进行了研究，即研究现在所说的李氏模型，这是一种可对新计算技术或定理进行检验的数学解答模型。随后，他将研究重点转移到了粒子物理学方面，尤其是 20 世纪 50 年代中期的一个主要难题——θ－τ（介子）佯谬。这一难题使他和杨振宁一起研究了宇称的不守恒，也使他们共同获得了 1957 年的诺贝尔物理学奖，获得时间正是李政道 31 岁生日前后。

在后来的几十年中，李政道先后与不同的合作者共事，对许多科学领域都进行了研究，发表了约两百篇论文。他的研究主题包括：统计力学、被称为中间矢量玻色的粒子的特性、与无质量粒子有关的数学问题以及广义相对论等。

李政道 1926 年 11 月 25 日生于上海一个名门望族家庭，父亲李骏康毕业于南京金陵大学农化系，母亲张明璋毕业于上海启明女子中学，在那时可算是一个典型的知识分子家庭。

南京金陵大学旧址

李政道的父母对子女的教育是十分尽心和严格的。为了使子女在数学、语文和英文方面有坚实的基础，还专门请了家庭教师，李政道的智力得到了很好的开发。在家里，李政道的童年是在温暖的家庭中度过的，父母亲的苦心培育和良好的家庭环境，使李政道的聪明才智得以发掘。他自幼对数学和物理有独特的爱好。4 岁时就开始学认字，并学习心算加减法，而且算起来特别快，每当他完成一道算题，幼小的心里别提有多高兴。

20 世纪 30 年代的上海滩是冒险家的乐园，是一座典型的半殖民地城市，到处是外国租界，外国人趾高气扬。就在李政道 13 岁那年，有一天，他在英租界乘电车，下车的时候不小心碰了一位中年的外国人。外国人就认为李政道损害了他的尊严，下车之后立即找来了印度民警，这些替英国人“看门”的警察，不由分说就把李政道的双手反背起来，让那个外国人狠狠地打了他一顿。

“七·七”卢沟桥事变后不久，日本侵略军便占领了上海。上海滩到处是烽火连天、满目狼藉。传播知识的学校被当作伤兵的急救所，昔日繁华的南京路到处是军车的嚎叫声。国难当头，战争的硝烟冲破了他的幻想。在一片炮声火海中，李政道只好告别了养育他的黄浦江，随着逃亡的人群含泪离开了上海。为了躲避日本侵略者的迫害能够继续求学，李政道兄弟几人先后辗转到江西。在江西，虽说生活苦些，但毕竟没有隆隆的炮声。有这样一个安静的学习环境，李政道也就可以塌下心来如饥似渴地学习各种知识。

到江西以后，他们兄弟与家人常有书信来往。但局势恶化，信件无法往来，双方都没有了音信。母亲思儿心切，不顾风险孤身一人千里迢迢到江西去看孩子们。哪知刚出浙东就被抢劫一空。见子心切的母亲，以顽强的毅力，长途跋涉，只身步行到江西。那时日本鬼子正在攻打独山，战火纷飞，硝烟弥漫。孩子们见到风尘仆仆、面容憔悴的母亲，都一下扑到母亲身边，年幼的政道依偎在母亲的怀抱里。可母亲第一句话却问：“你们在这里学得怎么样？我和你爸爸可是望子成龙啊！”

很久以来，李政道对母亲望子成龙的心情是有很深的感触的。他常想，作为母亲就是应该望子成龙，让孩子知道母亲相信孩子会有所作为。孩子需要这种支持，因为他们尚缺乏这种自信心，他们希望听到人们的掌声。尤其是希望听到母亲的掌声，因为母亲的呼唤将鞭策他们前进。正因为如此，李政道既能经常触及科学文明的火花，又常体验到国家落后、受人欺侮的滋味。由于家庭环境的熏陶及他自己的志趣，李政道从小就有一种求学的渴望，并把成为科学家作为自己追求的目标。他常用斑斓的光环，来编织着自己理想的未来。

西南联大是抗日战争爆发后不久，由清华大学、北京大学和南开大学在昆明组成的一所联合大学，它聚集了当时我国一大批最优秀的学者和教授，当时教学设备很差，生活条件也不好，但教学质量却很不错。

清华大学

在西南联大求学是李政道一生中最难忘的日子。1944 年，李政道因车祸受伤，于是便停了学。1945 年转入西南联大物理系，在吴大猷的指导下学习。在这期间对他影响最大、帮助最大、对他成长起最重要作用的是吴大猷教授。

那时吴大猷教授 40 多岁，是位颇有名望的物理学家。他不仅在学术上造诣很高，还特别关心青年的成长。吴大猷在指导李政道学习的过程中，发现这个小伙子求知欲很强，思路敏捷，凭着吴先生多年教学的经验，知道他有很高的天赋，是一个很难得的人才。

1945 年抗日战争胜利后的一天，校方通知吴大猷、华罗庚、曾召伦 3 位教授立即到重庆去，国民党的总参谋长陈诚要见他们。原来国民党政府要建立国防科研机构，请了位教授推荐 5 名在数学、物理、化学方面优秀的青年学生出国深造，作为后备人才，其中物理 2 名。吴大猷教授对自己的学生，特别是对优秀学生了如指掌。杨振宁已去美国留学，其他人如黄昆也去了美国，还有一个人在吴大猷先生的心中早就占有很重要的地位，他就是李政道。当时李政道大学尚未毕业，但是他学习刻苦，思维敏捷，具有创新精神，这些都给吴大猷教授留下了深刻的印象。李政道是最合适的人选。从吴大猷给他在芝加哥大学留学时的老师高德·施密特教授推荐李政道的信中就可以看出吴大猷教授对李政道寄予了很大的期望："他（李政道）在中国只念了 3 年大学，但是他是一个十分聪慧的孩子，他思维敏捷而且具有创新精神，并且学习十分努力。我相信，如果给予适当的引导，他将会成为一个很好的物理学家。"

华罗庚

在吴大猷教授的推荐下，1946 年秋，19 岁的李政道从昆明辗转到上海，从黄浦江畔登上了"美格将军号"轮船赴美国深造。

芝加哥大学是唯一允许没有大学毕业资格的学生进行博士研究的大学，他就在芝加哥大学注册了。

1957 年，李政道与杨振宁在哥伦比亚大学发现了著名的宇称不守恒理论。

这两位中国人为物理界作出了划时代的贡献，震动了整个物理学界，以至于物理学家称1957年是中国物理年。

黄浦江畔一景

几十年来，诺贝尔奖的颁发，相当好地反映了20世纪以来科学发展的主流，这使诺贝尔奖在人们心目中占有崇高的地位，每位科学家都把能获得诺贝尔奖当作是世界上最崇高的荣誉。但在1957年以前的50多年里，各奖项的获奖者中竟然没有一个是华裔，中国人仿佛与这项奖无缘。这并不是中国人没有这个能力，而是由于中国正是在这半个多世纪里始终是处在战火硝烟中，国家民不聊生，国无宁日，根本没有搞科学研究的环境。李政道和杨振宁这两位炎黄子孙，持着当年留学的中国护照，第一次登上这神圣的奖坛，每一个中国人怎能不为此感到自豪与骄傲。

国际诺贝尔评奖委员会发来通知，由于李政道和杨振宁一起提出在弱相互作用下宇称不守恒的理论，从而使基本粒子研究获得重大发现而共同获得1957年诺贝尔物理学奖。李政道和杨振宁欣喜若狂。而且这次获奖的时间，距他们发表的《弱相互作用中宇称守恒的问题》这一划时代的论文不过是一年多一点的时间，而吴健雄的实验证实也不过是年初的事情。能在这么短的时间里就得到国际物理学界的公认，并获得诺贝尔奖，这在诺贝尔奖史上也是罕见的，几乎是第一例，这说明他们这一研究成果的意义是多么重要。而更值得一提的是，李政道此时才31岁，仅次于1915年获奖的25岁的劳伦斯·布拉格，算是第二年轻的了。

1957年12月10日，李政道和杨振宁及他们的夫人来到了瑞典首都

斯德哥尔摩一景

斯德哥尔摩，接受1957年度诺贝尔物理学奖。音乐大厅里奏响着“斯德哥尔摩狂欢曲”，瑞典国王和皇后及政界要员、科学家和评奖委员们出席了大会。在这神圣的奖坛上，两位年轻的中国人神采奕奕，特别引人注目。镁光灯不停地闪烁着，他们的脸上挂着胜利的微笑。按照惯例，主持人请他们上台演讲。杨振宁上台首先用汉语介绍了他们这项工作的过程，李政道接着登上讲台，他用汉语风趣地说：“关于现代物理学基本观念的修正，是我和杨振宁博士在哥伦比亚大学附近的‘中国餐

馆’里用餐前经常讨论而终于获得的结果，今天终于能将其公布于世并得到各位的承认。”他娓娓动听地谈了宇称守恒定律被推翻以来的一些饶有兴趣而又激动人心的发展后，便离开了物理的内容，讲述了中国古老而又有趣的孙悟空的故事。他说：“孙悟空觉得自己神通广大，结果它落在如来佛的手里，它看到五根棍子，但是怎么跳也跳不出去。这正好像我们做科学的人掌握在自然界手里一样，我们觉得自己对科学了解广而且深，可相对来说，与科学的真理还相差很远。”这时，全场发出了一片会心的笑声，人们赞赏这位华裔学者那种虚怀若谷、大智若愚的东方学者的风度。从他们身上，世人看到了中国人的风采，看到了中国人的智慧和力量。

中国和美国，这两个地球上各处东西的泱泱大国，曾经是那样地兵戎相见。对李政道这样的海外游子，故乡，虽是一个令人熟悉而平凡的字眼，却是有着任何一种物理仪器也难以测量的巨大吸引力。但是在那样的年代里，想回到他的故乡比登天还难。那片古老的故土，对他来说是那样遥远而又神秘。

随着时间的流逝，中美两国终于开始对话。1972 年，一个历史永远会记住的日子，毛泽东和尼克松握起手来了。

毛泽东和尼克松握手

李政道和杨振宁，他们在中国灾难深重的年代从故土走出来，虽然已经近 30 年了，却从未回过故乡，思乡之情随着岁月的流逝也愈陷愈深。1971 年夏天，杨振宁就在中美关系开始有些解冻迹象的时候来到中国大陆，开始他对祖国的访问。将近 30 年的阻隔，使杨振宁对祖国大陆翻天覆地的变化感受特别深，用他自己的话来说，个人感情上的感觉不是三言两语可以描述的。

杨振宁回国之旅，触动了李政道的心。对他来说，故乡之行他已经准备了 26 年，是该回去的时候了。

1972 年 9 月 19 日，李政道和夫人一起，踏上了回归故乡之途。

他们先飞抵李政道的出生地——上海。李政道 1946 年赴美留学时还只是一个 20 岁的大学二年级学生，今天，他已是誉满全球的物理学家了。家乡人民热情欢迎这位海外游子。他对上海的一情一景、大街小巷，都感到十分的亲切，毕竟自己在这生活过多年。

1972 年 10 月 15 日，周恩来总理在北京接见并宴请了李政道夫妇。对这位富有魅力的传奇的革命家周恩来，李政道是仰慕已久的了。周恩来总理对李政道先生回国给予高度评价，对他成为第一个获得诺贝尔奖的炎黄子孙表示赞赏，并称李政道是“李精于学”，鼓励他多为中美的文化、科技、教育交流作贡献。在近两个小时的畅谈中，李政道感觉心里洒满了春风，他敬佩总理的学识和政治家的风度，对自己祖国的总理感到由衷的爱戴。

周恩来

然而，李政道也看到了在这古老的文化发祥地中国，学校的教育几乎全部中断，科研人员大部分都被下放到边远的山区，大学和科学院里也都是一片冷清，文明的古国正在经历一场历史磨难。看到这一切，李政道的心里不由地蒙上一层阴影。

1974 年 5 月，李政道第二次访问祖国。他希望祖国的教育、文化事业的发展能有一线生机，纵使能稍微改变一下这种状况也是好的。这次回国，他第一次见到了邓小平同志。在当时，这位中国政坛上命运多舛、引人注目的人物，正用他充满活力和富于传奇的神韵，领导着中国各方面进行必要的整顿。他此次回国所见所闻，确实比两年前有所好转。在教育方面似乎有了些转机，学校的学生能够坐在教室里读书，而不是经常出现在街上贴大字报。

邓小平

1974 年 5 月 30 日早晨，同往常一样，习惯早起的李政道正在北京饭店房间里洗脸，突然，电话铃响了，一个浑厚的男中音用标准的北京口音告诉他，毛泽东主席一个小时后要在中南海接见他，请他作好准备，车子马上就到。想见到毛主席，这是李政道多年的心愿，如今终于要实现了，他的心情是既激动又紧张。

中国科技大学

时间已过去了一个多小时，但李政道与毛主席之间的谈话兴致越来越浓，他们从自然现象逐渐转移到人类活动。李政道结合自己在中国大陆所见所闻，结合自己的亲身经历，结合一些发达国家的发展经验和教训，谈起了学校教育，谈起了人民创造力和社会健全是不可划分的。强调人才培养的重要性。谈到最后，毛泽东坦诚地接受了李政道的建议：中国的教育必须加强。他对李政道说："你的建议很好，很值得考虑。"在以后的中国科技大学"少年班"（一个专收十几岁有天才的学生的班级）的建议，应该说是源于此次的会谈。整个过程，不像是政治家与科学工作者之间的交谈，而是某个领域的学术交流。

生成中微子

莱德曼1922年7月15日出生于纽约的一个移民家庭里，父亲经营一家手工洗衣房。莱德曼从小就在纽约上学，1939年，莱德曼中学毕业了。他因家庭经济原因选择了免费向穷孩子开放的纽约市立学院。纽约市立学院虽然是一所平民大学，但教学质量颇高，所以报考的学生很多，竞争十分激烈，莱德曼以优异的成绩被录取了。从家中小实验室培养起来的爱好，使他选择了化学专业。但在教授伊萨克·哈尔比和同学马丁·克雷恩的影响下，他后来渐渐对物理学发生了兴趣。

莱德曼

1943年，莱德曼从

纽约市立学院毕业。这期间，美国正在与德、意、日法西斯交战。莱德曼应征入伍，先是在美国本土从事了一年雷达研究工作，后来到德国参加了彻底打垮纳粹法西斯的最后战斗，成为美国陆军通信部队的一名少尉。

1946 年，莱德曼从部队退役。本着大学时代萌发的对物理学的强烈兴趣，他决心投身于物理学研究事业。他考入了纽约哥伦比亚大学研究生院，学习物理学。这时，哥伦比亚大学物理学系由著名物理学家拉比主持，并且是全美国的物理学研究中心，处于物理学术前沿。而就在莱德曼进入哥伦比亚大学的 1946 年，物理学系的尼维斯实验室正在建造一座 385 兆电子伏的回旋加速器，这为此后的粒子物理学研究提供了重要的实验技术手段。莱德曼在一个千载难逢的时机进入了这个一流的科研教育团体，他后来 50 多年的研究生涯与哥伦比亚大学、尼维斯实验室紧密地联系在了一起。

莱德曼的导师是预言介子存在并提出介子理论的著名日本物理学家、荣获 1949 年诺贝尔物理学奖的汤川秀树博士。在攻读研究生的时候，莱德曼没有什么物理学基础，也没有什么正确的学习方法，成绩较差，跟不上同学们的进度。他有时甚至觉得自己不是学物理的“料”，一度决定不再继续下去。出于对物理学的热爱和不服输的倔犟性格，使他坚持了下来。同时，他的同学斯坦伯格和施瓦兹也给了他很大帮助和鼓励。他们三人结下了深厚的友谊，后来成为研究中的长期伙伴。

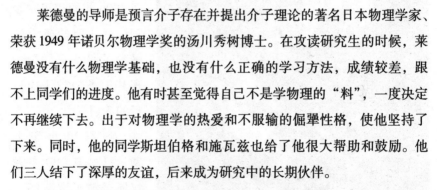

1951 年，莱德曼在哥伦比亚大学毕业，并获得博士学位。留校任教，并在该校的尼维斯实验室利用实验室中的大功率粒子加速器进行研究工作，这种粒子加速器可以将原子或亚原子粒子加以几亿电子伏特的能量。莱德曼还是位于长岛的布鲁克黑文国家实验室的客座科学家。1956 年，他在布鲁克黑文实验室进行研究，结果发现了一种新的亚原子粒子：不带电的 K 介子。1960 年，他被任命为尼维斯实验室主任。

人类对于基本粒子的研究已经进行了 2500 年。公元前 5 世纪希腊哲学家留基伯提出一种叫作“原子学说”的理论（希腊语为 aroms，意思是“不可分割的”）。他认为，原子是基本的，是不可分割的，而且宇宙中除了空旷的空间什么也没有。

1897 年，汤姆逊爵士发现了第一种亚原子粒子——电子。由于原子具有电特性，而电子又是带负电的，他就设想原子的其余部分必须与电子平衡，应当是带正电的。因此，尽管原子的名字意思是“不可分割的”，但它实际上并不是这样的。汤姆逊爵士为此获得了 1906 年的诺贝尔物理学奖，他的研究还导致了科学家们为发现其他类似粒子而进行的激烈竞争。

留基伯

到了 20 世纪中期，已经有 200 多种亚原子粒子被鉴定了出来，其中包括 μ 子型中微子。中微子是一种无法探测到其质量和电荷的亚原子粒子，它几乎可以无碰撞地通过任何东西。50 年代曾有两个令人苦恼的难题：“电子实验中出

现的中微子与 μ 子型中微子相互作用中出现的中微子是否是同一种?”“是否可能有 200 种不同的基本粒子?”

粒子加速器是一种生成以极高速度运动的原子或亚原子粒子束的设备。莱德曼、施瓦兹和斯坦伯格在布鲁克黑文国家实验室时，利用那里的大功率磁场梯度同步粒子加速器（*AGS*），通过将质子射向铍靶生成了中微子束。碰撞将铍原子核分裂为质子和中子，于是在纯能量之外还生成了另一些亚原子粒子，其中就有 π 介子。π 介子非常不稳定，于是每个 π 介子又分裂为一个 μ 子和一个高能中微子。

粒子加速器

碰撞后，一个厚 40 英尺的钢制遮挡物截住了除中微子以外的所有运动粒子。因此，只有那些出现在遮挡物背面的粒子才是中微子。钢制遮挡物背面是一个 10 吨重的探测火花室，这是实验室探测中子碰撞用的。

从 1960 年到 1962 年所做的实验，使布鲁克黑文实验室的研究工作达到了顶峰，这些实验生成了世界上第一束中微子。在进行实验的 8 个月中，总共生成了 100 兆中微子，探测到了 50 次中微子碰撞。实验探测出了以前未知的 μ 子型中微子，由此揭示出：实际上有不止一种中微子。

他们的研究结果已经被用于研究其他亚原子粒子的特性，并导致了标准原子结构模型理论的设定。这一理论提出：其他亚原子粒子的基本构成模块是一些夸克的轻子，而不是以前所说的 200 多种基本粒子。

莱德曼和物理学家施瓦兹、斯坦伯格由于揭示出 μ 子型中微子的存在，并导致了物理学标准模型的设立，使得莱德曼、施瓦兹和斯坦伯格获得了 1988 年的诺贝尔物理学奖。

星 光 无 限

国关学院的铁娘子

哥伦比亚大学的国际关系学院出现了一位身材矮小、身着红裙的女性，显得格外引人注目。她就是哥伦比亚大学博士，日后成为美国220多年历史上首位女国务卿奥尔布赖特。

少时离乡

1937年5月15日，奥尔布赖特出生在捷克斯洛伐克首都布拉格的

布格拉一景

一个外交官家庭，本名为玛丽娜亚科贝尔。在她两岁时，纳粹德国入侵捷克斯洛伐克，为了躲避纳粹统治，奥尔布赖特的父亲被派驻贝尔格莱德使馆。1948 年，奥尔布赖特又跟随父母离开祖国，移居到美国。由于奥尔布赖特在英国呆过几年，因此她去了美国之后，不到一年就成了个发音纯正地道的美国人。也正因为她童年时在几个国家之间奔波，奥尔布赖特除了会母语捷克语和英语外，还通晓法语、波兰语、俄语，并能说一些塞尔维亚语和克罗地亚语。

奥尔布赖特一家本是波兰犹太人的后裔，为了忘却二战中犹太人的悲惨史，奥尔布赖特的父亲在来到美国后让全家改信了天主教。奥尔布赖特对这段经历一无所知，后来才从各方报道中得知自己是犹太人的后代。

奥尔布赖特

虽然奥尔布赖特一家躲过了纳粹的迫害，但童年时代的颠沛流离生活使她对纳粹统治极为反感。奥尔布赖特本人曾说过，这一生中对她影响最大的两件事之一便是纳粹德国的阴谋。童年的逃难经历也使得她对难民颇为同情。在 1997 年 11 月访巴基斯坦时，奥尔布赖特看望了巴北部一个由简陋土房和破旧帐篷构成的凄凉的营地，她对一群为躲避阿富汗战乱而逃到巴基斯坦的难民说：“我小时候也是难民。”

长大后，奥尔布赖特与国际政治结下不解之缘，这与她父亲科贝尔对她的影响有密切关系。奥尔布赖特小的时候，常有一些父亲的学生到她家做客，与父亲分析国际形势，谈论外交政策。在父亲的潜移默化下，奥尔布赖特对国际关系和外交事务产生了浓厚兴趣。

中学毕业后，奥尔布赖特先拿着奖学金进入马萨诸塞州韦尔斯利学院。在求学的同时，她还担任了校报的编辑，这为她以后驾轻就熟地与新闻界打交道打下了基础。奥尔布赖特在韦尔斯利学院认识了她后来的丈夫、一位报业大亨的继承人约瑟夫·奥尔布赖特。

两人结婚后，马德琳·奥尔布赖特生了三个女儿，并在家中照看孩子。她在家中照看三个孩子的同时，还刻苦攻读哥伦比亚大学的国际关系博士学位。为此，她付出的努力是艰巨的。每天清晨 4 点半，她就得起床读书。功夫不负有心人，奥尔布赖特获得哥伦比亚大学的博士学位，她的导师是后来成为卡特总统的国家安全事务助理的布热津斯基。

乔治敦大学

后来，奥尔布赖特进入乔治敦大学，担任国际关系学院教授并兼任该校国家政策中心主任。由于她的教学生动风趣，她连续 4 年获得学校的“年度最佳教师”奖。在教学的同时，奥尔布赖特还投身到民主党的政治活动中。而多年从事国际关系的研究又使她的政治生涯与国际事务紧密地结合在一起，为她日后登上驻联合国大使和国务卿职位奠定了基础。

投身政治

奥尔布赖特在政治上的起落与民主党的兴衰息息相关。早在大学时代，她就参加了民主党人艻德莱·史蒂文森在 1956 年的竞选总统活动。20 世纪 80 年代，她在乔治敦家中主持了民主党对外政策沙龙，从 1984

年至 1992 年间连续三次担任民主党总统候选人的外交政策顾问。

奥尔布赖特在 20 世纪七八十年代所做的政治工作也与民主党相关。1976 年至 1978 年，她是民主党参议员埃德蒙·马斯基的首席法律助理。前总统卡特当政期间，她的老师布热津斯基挑选她进入由他领导的国家安全委员会任职，负责处理与国会的关系。卡特下台时，奥尔布赖特随即失去了政府中的职位。

也就在民主党失意的这一时期，奥尔布赖特经历了婚姻上的挫折。1982 年，她的丈夫约瑟夫突然宣布婚姻走到了尽头。奥尔布赖特对丈夫的决定深感吃惊，她没有丝毫思想准备，但她也能理解其中的缘由因而不能埋怨丈夫。前几年她不顾丈夫的劝阻坚持要学俄语，虽然受到了卡特政府的重用，却明显忽视了对丈夫和家庭的关心。

丈夫最终和另一个女人走了，给她留下的是 3 个女儿、在乔治敦的一栋豪华住宅和一大笔钱。等孩子们长大、离开家后，一直没有再婚的奥尔布赖特更加积极地参与民主党的活动，成了民主党智囊团中的活跃人物。她担任过前副总统蒙代尔和杜卡斯基竞选总统时的外交政策顾问。但最为重要的是结识了当时的阿肯色州州长比尔·克林顿。克林顿日后的崛起，直接带来了奥尔布赖特的仕途辉煌。

比尔·克林顿

在里根和布什当政的那段时间里，奥尔布赖特的家成了民主党人士的聚集地。但奥尔布赖特那时与克林顿并不相识，直到 1992 年春天在民主党州长联合会的年度晚宴上经人介绍才相互认识。两人性情相投、思想相近。奥尔布赖特成了克林顿组建内阁的天然候选人。克林顿上台后奥尔布赖特被任命为美国驻联合国大使。

对于驻联合国大使这一职位，奥尔布赖特由衷地喜欢。她在纽约沃道夫－阿斯托利亚饭店拥有一套大使套房，她用家庭照片和美国当代艺术家的作品将房间装饰得温馨舒适。但奥尔布赖特在担任驻联合国大使时似乎更看重克林顿政府内阁成员的身份。

虽然身在纽约，她并未将华盛顿的公务抛在一边，经常乘坐飞机穿梭于纽约和华盛顿两地。她去华盛顿自然是为了参加在白宫举行的克林顿高级外交政策顾问会议。由于在两地不停奔波，奥尔布赖特常常一觉醒来，不知自己身处纽约还是华盛顿，也常带着蓝西装出现在华盛顿却把与之相配的皮鞋忘在了纽约。

白宫一景

但奥尔布赖特热衷于这样忙碌的生活，一来因为她有充沛的精力，二来因为以前曾出现过国务卿和联合国秘书长在华盛顿共进晚餐、私下作好决定而大使却浑然不知的事情。因此，奥尔布赖特不辞辛苦两地奔波，防的就是自己的权力被架空。

铁腕女人

从担任美国驻联合国大使开始，奥尔布赖特便竭力推行美国的全球战略，在联合国中以美国老大的姿态自居。她在与各国政要交往时常常冒着火药味，因而被称为美国的“铁娘子”。1994 年秋，她曾毫不留情地称伊拉克副总理在联合国的一次讲话“滑稽可笑之极”；她还曾提醒法国国防部长“少管闲事”，对联合国驻前南斯拉夫代表明石康也用过如此不恭的语言。尽管她的言谈常因缺乏外交技巧而招致人们的批评，但无人否认她在电视上以明确犀利的语言阐述政府外交政策立场的能力，在这一点上，前国务卿克里斯托弗曾表示自愧不如。

克里斯托佛

奥尔布赖特在处理海湾危机、波黑、海地和索马里问题上，充分体现了她对美国主导世界的思想的热衷。1993 年 6 月，奥尔布赖特在联合国安理会上直言，如果伊拉克军队侵犯科威特边境，美将派军队予以沉重打击。在海地问题上，当安理会同意对海地使用武力后，奥尔布赖特强烈要求克林顿出兵。

在波黑问题上，奥尔布赖特从一开始就和不愿在前南地区使用武力的前参谋长联席会议主席鲍威尔争吵。她曾这样问鲍威尔：“如果我们不用武力的话，你嘴上老挂着的伟大军队的意义何在?”奥尔布赖特最后赢了，美国派兵前往波黑参加维和，放弃了由欧洲领导前南联合国安全区的政策。

加 利

为了达到美国左右联合国的目的，奥尔布赖特想方设法扳倒了上届联合国秘书长加利。起初，她和加利有很好的私人交往，但当加利不愿听从美国政府所希望的联合国行政管理和财政管理的改革，成为对她自己国家内政的不利因素时，奥尔布赖特立刻把矛头转向加利，领导了一场拒绝让加利连任的运动。奥尔布赖特先是要求有关部门秘密起草换下加利的文件，然后让人与加利协商体面下台。在加利拒绝后，奥尔布赖特又说可以设立一个“荣誉退休秘书长”职位来劝加利下台，但她的这一建议也遭加利的拒绝。

安 南

多次努力失败后，奥尔布赖特便不再躲在暗处，转而公开表示反对加利连任。她先是在就加利的第二个任期举行的表决中，投了15票中的唯一的反对票，然后说服非洲国家放弃对加利的承诺，再以全票把科菲·安南推上联合国秘书长的位置，使美国达到了既扳倒加利、又挑选了其后任的一箭双雕的目的。

虽然许多外交官认为奥尔布赖特为了将加利赶下台所作的努力并不光彩，但还是不得不承认，她是个铁腕女强人。奥尔布赖特也由此又获得了一个称呼："蛇一样的女人"。蛇在西方是邪恶与狠毒的象征。但她对此并不恼火，反而坚持在胸前别一个蛇形胸针。在有人给她邮寄了一把扫帚，意思是要将她从联合国扫地出门时，她又欣然把扫帚放在办公室里，表示要以此激励自己更加投入地工作。

奥尔布赖特在驻联合国的四年中表现出的外交才干为她入主国务院打下了坚实的基础。1996 年末，机会来了。克林顿作为民主党总统候选人击败共和党总统候选人多尔，连任总统成功，而当时的国务卿克里斯托弗表示要退休。奥尔布赖特幸运地获得总统提名，并得到参议院通过，从驻联合国大使晋升为国务卿。

当克林顿宣布提名奥尔布赖特担任国务卿时，有人认为这是一场美国政治和外交上的"革命"，因为克林顿的这一决定结束了美国 220 多年全男性掌管外交的历史。但美国政策分析家指出，奥尔布赖特之所以被委以此职，主要原因在于她曾任联合国大使，深谙国际事务，又是克林顿首任政府的内阁成员，参与过美国的决策进程，由她出掌国务卿，可以使美国外交保持连贯性。另外，奥尔布赖特在外交上主张美国积极参与"领导世界"，这也是她能入主国务院的因素之一。

阿拉法特

自从担任国务卿以来，奥尔布赖特终于有机会从参与制定转为亲自执行美国的外交政策。但担任国务卿后，她也体会到了这份工作的艰难，她所宣扬的美国外交政策并没有到处通行。在行为处事时，她似乎少了些在驻联合国时表露出的火药味。

1997 年 9 月，奥尔布赖特来到中东。这是她担任国务卿后首访这一地区。目的很明确：拯救中东和平进程。然而，奥尔布赖特除了分别会晤了以色列总理内塔尼亚胡、巴勒斯坦民族权力机构主席阿拉法特和其他五国领导人外，但这并没有为中东和平进程带来一丝好转。相反，她几乎在阿拉法特面前遭到了“冷遇”，这从阿拉法特与她握手合影时的冷冷表情足以看出。在这次斡旋中，她既没有如以色列之愿，也没能赢得巴勒斯坦和阿拉伯世界的好感。结束中东之行时，奥尔布赖特生气地说，除非巴以双方作出必要的让步决定，不然她决不会再回中东与阿拉法特和内塔尼亚胡这对冤家会晤。

津巴布韦一景

中东之行使奥尔布赖特遭受了出任国务卿以来的首次外交挫折，但奥尔布赖特热衷的全球战略所遇到的挫折又何止这次中东之行。1997 年，反对美国封锁古巴的国家越来越多，美国孤立古巴的政策越来越不得人心。美国国会通过的加强对古巴制裁的“赫尔姆斯—伯顿法”不仅招来加勒比国家的谴责，也遭到了与古巴有经贸关系的欧盟及其邻国加拿大、墨西哥等国的强烈抗议。美国通过海湾战争苦心经营的反伊统一战线在1997年也濒临瓦解，大多数阿拉伯国家不愿意继续跟着美国走。美国极力支持的多哈经济会议遭到大多数阿拉伯国家的抵制，会议由首脑级降为部长级，便是一个明确的信号。被美国列为“支持恐怖主义”的伊朗、叙利亚、苏丹和伊拉克等国领导人在德黑兰参加了伊斯兰首脑会议，与美国在伊斯兰世界的所谓盟友共商国际大事，对美国来说更是一次挑战。西欧国家也已不愿听从美国的领导，明显表示要通过北约东扩来壮大自己，逐步建立独立于美国的欧洲防务。俄罗斯虽然得到美国帮助“完全”参加西方七国首脑会议，但俄美关系的热度与冷战刚结束时相比大大降低。

奥尔布赖特的人权外交思想在1997年也发生了耐人寻味的变化。她在1997年岁末访问非洲七国中的最后一站津巴布韦时说，美国一直把外交政策的重点放在人权问题上，现在必须调整这个重点，必须认识到这些国家的差异以及它们所处的不同发展阶段，并且必须尊重这些国家的问题。

索马里一景

值得一提的是，1997年全球发生的36起武装冲突中，有17起发生在非洲。非洲政局的不稳定，除了内部的复杂因素外，西方在那里掀起的“民主浪潮”显然也起了推波助澜的作用。结果是非洲吃了苦果，西方没收获甜点。奥尔布赖特说出上述一番话，实在是“有感而发”。

其实，奥尔布赖特几年前就体验到，过分突出人权往往会成为一块绊脚石。一个典型的例子便是以美军为首的多国部队士兵在索马里维和行动的失败。她后来承认自己在索马里问题上犯下了“武断的多边主义”错误。

但是，奥尔布赖特在访问非洲时说的一席话虽然不说能明她的外交思想正发生重大变化，或代表美国的全球战略会有明显转变，但这也像美国在诸多问题上遭受的孤立一样，从另一个侧面说明，美国想随心所欲地主导世界的企图将是南柯一梦。

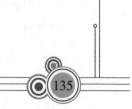

哥伦比亚大学最有名的退学生

艾伦·格林斯潘喜爱音乐和运动，曾在纽约时报广场派拉蒙剧院下面的一家夜总会里演奏萨克斯管。1987 年 8 月开始担任美联储主席，历经四位总统，五次担任此职。他引导下的美国经济经历过两次衰退、一次股市泡沫和一次历史上最长的增长期。

格林斯潘

格林斯潘是个“一打喷嚏，全球就得下雨”的“财神爷”，在克林顿时代创造出“零通货膨胀型”经济奇迹。美国的一家媒体在 1996 年总统大选时说道：“谁当总统都无所谓，只要让艾伦当联储主席就行。”

格林斯潘从小就梦想成为一位伟大的音乐家，但是他发现这个梦想很难实现。于是，他决定放弃自己的音乐理想，充分发挥自己的另一天赋。他进入纽约大学商学院学习，他先后于 1948 年和 1950 年以最优秀的成绩获得经济学学士和硕士学位，后到哥伦比亚大学继续深造。正是在那里，他遇到了他的第一位良师益友，即后来在尼克松政府中担任美联储主席的亚瑟·伯恩斯教授。他与伯恩斯的友谊成为他后来进入美联储的入场券。1953 年，由于囊中羞涩，格林斯潘中途退学。这一耽搁就是近 40 年，直到 1977 年，格林斯潘 51 岁“高龄”时才圆了年轻时的梦想，戴上了母校的博士帽。

初到华尔街

尽管学业被迫中断，但格林斯潘由此迈进了美国经济的心脏——华尔街。

华尔街

他先在美国国家工业联合会得到了一份工作，任务是利用官方在朝鲜战争中订购的数字，来预测市场对钢铁、铝和铜的需求。从这时开始，他掌握了怎样整合一个个看似零乱的数字，去进行研究，最后得出把握市场的结论。

一年的历练之后，28 岁的格林斯潘与资深商业顾问威廉·汤森合伙开了一家经济咨询公司，主要为工商企业和金融机构提供经济预测和分析服务。5 年以后，他拥有了汤森公司的一半股权，公司也被改名为汤森—格林斯潘咨询公司，30 岁刚出头的他在华尔街得到了“最精明的证券商”的称号。1958 年之后，格林斯潘接过了公司的领导权，迅速开发了一批在金融和制造业领域颇有影响的客户，同时还向企业高层管理人员提供经济分析意见。格林斯潘的公司规模一直不大，但是在美国的金融市场上却有不可小视的影响力，而且从不需要主动去寻找客户。到 1987 年，因为格林斯潘出任美联储主席而被迫关张时，这家只有 25 名雇员的公司却有着将近 90 个长期大客户，多半还是工业和金融巨头。美联储一位官员曾说过：“他是第一个专门向总裁们提供预测的人。”这种工作不仅在思维上有挑战性，而且特别适合格林斯潘发挥个人才能，并为他以后准确把握美国经济脉搏积累了经验。

步入政坛

1966 年 7 月，格林斯潘发表《黄金和经济自由》一文，预言美国将爆发严重的通货膨胀。可当时，美国经济正如日中天，没有人听得进他这个无名之辈的话。结果到了 1974 年，他的预言应验了，美国遇到了二战后最可怕的通货膨胀，经济陷入了全面困境。尼克松总统猛然想起了格林斯潘这个神人，连忙请其担任美国经济顾问委员会主席。格林斯潘由此正式步入了美国政经界高层。

在格林斯潘出任美联储主席前，自由资本主义思想得到了追捧，同时美国经济一直处于上升期，在世界上没有遇到什么难题。而格林斯潘所属的共和党政策一直稳占上风，这是天时。格林斯潘个人大半生的舞台多在纽约，其次就是华盛顿。而他对纽约的一切烂熟于胸，他准确地知道可以从何地何人处得到所需要的信息，这又是别人比不过的地利。而他30多年的工作，在经济学术界、金融界、政界有了广泛的人脉资源，从尼克松开始，又深受几任总统信任，同时更深受美联储前主席伯恩斯赏识。

亚瑟·伯恩斯是国际鼎鼎大名的经济学家，在任何一本经济学辞典中都有关于他的条目。伯恩斯是格林斯潘在哥伦比亚大学攻读博士时的导师，尽管他没有完成学业，但是他与伯恩斯建立了深厚的终生情谊。伯恩斯很欣赏这个才智过人的学生的锋芒与潜力，并期待着他成为自己思想的嫡系传人。伯恩斯1970年到华盛顿时，不希望将纽约的住房卖给银行，格林斯潘就贷款买下了这所空房。而伯恩斯也经常就入住美联储主席后所遇到的情况，与格林斯潘交流。也正是从那时起，格林斯潘开始了解并熟悉美联储的体制结构和运行机制，还不时担当参谋的角色。

在这方面，没有人能比他知道得更多，对于如何负起制订美国货币政策的职责，格林斯潘早就做到了心中有数。

里　根

1966年，格林斯潘在埋头打理自己的咨询公司时，偶然碰到了从前乐队的老板加曼特。当时加曼特正是尼克松竞选总统的顾问，一贯青睐格林斯潘的他把格林斯潘推荐给了尼克松。翌年，尼克松邀请他出任自己次年总统竞选的顾问。尼克松当选总统后，格林斯潘成为尼克松驻联邦预算局的代表和尼克松对外贸易政策顾问，并长期担任一些半专职性顾问。美国白宫的网球场是一个权力游戏的场所，可以用来巩固盟友和扩大人脉。格林斯潘刚进入华盛顿政界的时候，网球打得很不好，他曾经自嘲地回忆：“1974 年，我年纪一大把了，才在白宫网球场开始真正打网球，自那以后我一直在苦练，以提高我的技艺。”

1987 年，格林斯潘受时任总统里根任命开始了美联储主席的第一任任期。

虽然格林斯潘一次次地直接干预挽救了市场，但也加大了“道德风险”。有了格林斯潘“看跌期权”的保护，投资者更加不顾风险。也许是意识到自己的威力太大，为了不至于给市场带来太大的冲击，格林斯潘讲话越来越“含糊”，他的名言因此而产生：“如果你们认为确切地理解了我讲话的含义，那么，你们肯定是对我的讲话产生了误解。”

欧元之父蒙代尔

罗伯特·蒙代尔，美国哥伦比亚大学教授，1999 年诺贝尔经济学奖获得者，“最优货币区理论”的奠基人。1956 年获美国麻省理工学院经济学博士，1961 年任职于国际货币基金组织。1966—1971 年在斯坦福大学和约翰霍普金斯大学任教，从 1974 年开始，蒙代尔执教哥伦比亚大学。他具有革新意义的研究为欧元汇率奠定了理性基础，他对不同汇率体制下货币与财政政策以及最优货币流通区域所作的分析使他获得

斯坦福大学

1999年诺贝尔经济学奖。蒙代尔教授对经济学的伟大贡献，一是开放条件下宏观稳定政策的理论（蒙代尔—弗莱明模型），二是最优货币区域理论。蒙代尔教授敏锐地观察到，从20世纪60年代至今，世界经济发展中的一个显著特点，就是随着世界经济一体化与全球化的发展，产品、服务、尤其是资本，可以通过贸易和大规模的投资跨国界流动。在一个更为开放的经济体系中，一国的货币主权和财政政策效果更多地受到外部世界的制约，宏观调控能力下降。经济学越来越难以对经济前景进行预测，一个重要原因就是传统的宏观和微观经济学在经济全球化条件下面临新的挑战。可以说，蒙代尔教授关于开放经济条件下的国际经济学的研究正是在迎接这样的挑战，他是一位伟大的先行者和预言家。

这位世界经济重量级人物，让所有人在对他肃然起敬的同时，也对他的人生足迹产生了深深的好奇。

1932年，蒙代尔出生在加拿大安大略省。小时候的蒙代尔在加拿大很偏远的一个地方上学。那个地方人烟稀少，只有一所小学。学校里只有一间教室、十几个学生，由于条件所限，几个年级的学生只能共用一间教室。虽然进入的是一个设施简陋的学校，但蒙代尔并没有因此感到气馁和失望，依然刻苦学习。

安大略一景

多年以后，已是哥伦比亚大学教授的蒙代尔在一次演讲中说："我一直认为，艰苦的学习环境并不是阻碍人们成才的一个因素，一个人想要成功，就要正确地认识和对待客观条件，把自己的兴趣放在首位，要自己选择适合自己的人生道路。”

蒙代尔是这样说的，也是这样做的。

第二次世界大战结束后不久，一次偶然让蒙代尔对经济学产生了浓厚的兴趣。1949 年，一直是世界经济市场上最强硬货币的英镑突然贬值了。当时只有 17 岁的蒙代尔问老师：“英镑为什么会贬值呢？英国通过这一做法究竟可获得什么？”老师最终也没能给蒙代尔一个合理的解释。因为当时根本没有人能正确解释一种货币在经济运行过程中的规律。如果换成一般的年轻人，一件连老师都讲不出原因的事，也许只会在他大脑中一闪而过，然后便被遗忘了。但蒙代尔并不死心，他阅读了大量的报刊和专业性的资料，想从中找出答案。可是，他失望了，没有一家报刊能给这个现象一个合理的解释。面对困难，蒙代尔没有退缩，反而增强了他对经济学日益浓厚的兴趣。他想，或许自己可以在这个还没有答案的领域作一些调查。这为他一生从事经济学研究埋下了深深的伏笔。

在英属哥伦比亚大学学习期间，蒙代尔开始涉猎经济学，并感觉到自己开始深深爱上了这门学科，下定决心把它作为一项毕生的职业。大学毕业后，蒙代尔去了美国的华盛顿大学研究生院继续深造。在完成了硕士学位之后，华盛顿大学给他提供了相当于助教的奖学金，让他可以继续在那里完成博士学位。

华盛顿大学一景

他却犹豫了，华盛顿大学的经济系不是当时最优秀的院系，他想到一个更理想的学术基地攻读博士学位，可自己又没有钱。在他进退两难的关键时刻，蒙代尔找到三个教授，征求他们的建议。这三位教授都是蒙代尔最喜欢的，他问了他们同一个问题：在资金不充裕的情况下，一个人究竟应该选择哪里完成自己的博士学业呢？

蒙代尔问的第一位教授是一个年轻的数理经济学家，他给蒙代尔的建议是到一个能够给提供最高额奖学金的大学去；第二位是国际贸易专家，他建议蒙代尔说“到你最想去的地方，需要多少钱，就去借多少钱”；第三位教授是微观经济学家，他告诉蒙代尔，你应该找一个非常富有的女孩子，然后跟她结婚，用她家的财富来帮助你完成你的学业。

最终，蒙代尔听从了第二位教授的建议，去了一所他想去的大学，因为当时那里有一批世界顶尖的经济学教授。

蒙代尔

1956年，年仅24岁的蒙代尔以题为《论国际资金流向》的博士论文一举成名，获得了经济学博士学位。1970年，蒙代尔加入欧共体货币委员会，并从1974年开始，一直任教于美国哥伦比亚大学。蒙代尔有一个经济界人士熟知的称号——“疯子经济学家”。之所以被称作“疯子经济学家”，是因为蒙代尔向一直被奉为金科玉律的“一个主权国家怎么可以没有独立的货币”观点提出了尖锐挑战。而这一思想，正是欧元最终诞生的基础。

1999年10月13日，瑞典皇家科学院将该年度的诺贝尔经济学奖授予了众望所归的蒙代尔。在瑞典皇家科学院的新闻公报中，专家们这样写道：蒙代尔进一步发展了开放经济下的宏观经济学理论，他建立的这一理论基础支配着开放经济下的实际货币政策和财政政策，并且成为国际宏观经济学教学的基础课。而新闻界则这样评价蒙代尔：一个靠借款完成学业的人，一个改变国际金融格局的人，一个被誉为经济预言家的人，一个对中国情有独钟的人。

蒙代尔也因倡议并直接设计了区域货币——欧元，被誉为“欧元之父”。蒙代尔之所以成为改变欧洲、改变世界的经济学天才，是因为他从不知“循规蹈矩”为何物：将自己与两岁儿子的快乐合影放在原本很严肃的学术网站上；获得“美国计量经济学院士”这个美国计量经济学的至高无上的荣誉时，却因没拆那封通知他当选的信，而对此殊荣全然不知；当选美国经济学会主席后，竟忘了出席就职典礼，让等待听他就职演说的崇拜者们空欢喜一场……

浏览这位天才的成功之路，人们不难发现，在这位可以称得上是经济学界巨人的身上，竟然有着那么多对传统理论的批判精神。也正是带着这种不屈不挠的挑战精神，蒙代尔才力排众议，用欧元诞生的事实将“一个主权国家怎么可以没有独立货币”的百年经典理论打入历史的尘埃，成为有史以来首位区域货币的创始人。将“欧元之父”，这一象征着知识和智慧的荣誉和自己的名字联在一起，永远载入了世界经济的史册。

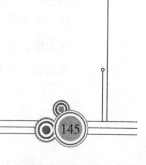

经济大师弗里德曼

曾获诺贝尔奖的米尔顿·弗里德曼，是二战后至今世界上最具影响力的经济学家。然而世人真正意识到他对经济学的贡献、承认他的历史地位，是在20世纪80年代。他一直被经济学界尊为泰斗。

米尔顿·弗里德曼

1928年，他靠一笔奖学金进了罗格斯大学。弗里德曼说：在这所大学，"我有幸接触两位卓越的人物"，即亚述·F·伯恩斯和荷马·琼斯，他们"把我引向严格的经济理论"，"并且对我以后的事业产生了指导性影响"。从此，弗里德曼就与经济学结下了不解之缘。1934年到哥伦比亚大学学习，弗里德曼说：在这段时间里"进一步开阔了我的眼界"，威斯里·C·密切尔、约翰·M·克拉克和其他人使我接触到一种制度的和经验的方法和一种对经济理论的新见解。1935年，弗里德曼去美国全国资源委员会工作，参加那时正在进行的一次大规模的消费者预算的研究。这项研究构成了他后来的《消费函数理论》一书的"两个主要部分之一"。

1937年，弗里德曼与库兹涅茨联名发表了《独立专门职业收入》。在这本书中，弗里德曼第一次提出了永久收入和暂时收入概念。1941—1943年，弗里德曼在美国财政部研究战时赋税政策。1943—1945年，他作为一名数理统计学家，在哥伦比亚大学参加统计研究小组的工作。

弗里德曼从20世纪50年代开始鼓吹“自由市场经济”，批评政府干预市场。在当时一个笃信政府几乎可以解决一切社会问题的时代，他挺身而出，慷慨激昂地宣扬自己的独特经济见解。由于坚信自己理论的正确性，他随时随地与人展开辩论，遭到当时世人的嘲弄，受尽白眼。

时代不同了，数十年后，历史终于向这位经济学伟人低头，承认他与凯恩斯齐名，为20世纪最具影响力的经济学家。弗里德曼几乎是自己赤手空拳地让这个世界承认了“货币数量化理论”，即通货膨胀起源于“太多的货币追逐太少的商品”。一旦政府接受了这一理论，就可以通过放慢货币增长率来达到控制通胀的目的。

20世纪50年代弗里德曼在美国国内，提出的低税、教育凭证和负所得税等主张正被公众广泛讨论，而在国外，他的政府不应干预经济运行的理论已被发展中国家的政府普遍接受。1912年7月31日，弗里德曼出生在纽约州布鲁克林。弗里德曼的双亲出生于喀巴索—卢森尼亚，在他们移民美国时还是奥匈帝国的一部分，后来属于捷克，而现在则是前苏联的领土。他们到美国的时候只有十来岁，后来在这里认识进而结婚。如果他们都留在故乡，即使结了婚同样也有了小孩，现在弗里德曼会是前苏联而非美国公民。同样的情况也发生在大部分美国人民身上，他们都是第一、二或第三代的移民，大都和弗里德曼的父母一样，来美国的时候一贫如洗。弗里德曼在高二的时候碰到一位专业领域是政治学，但对几何学却极为热爱的老师。老师所教授的欧几里得几何学，让弗里德曼此后对数学又敬又爱，产生了兴趣。弗里德曼永远不会忘记，老师在证明毕氏定理时，引用济慈《希腊古瓮颂》的最后数行诗句：

“美即真理，真理即美——一切尽在此，这世上你们每人都知道，你们每人所必须知道的也尽在此。”弗里德曼在大学期间，他的母校罗格斯大学今天是一所规模宏大的州立大学，不过1982年弗里德曼入学时，还只是小型的私立学院，但已开始改制为州立大学的程序，做法是设立优厚的奖学金制度，由新泽西州政府提供经费来源。他就是靠争取到其中一项奖学金，才得以在不用负担学费的情况下进入大学。

与大部分移民一样，弗里德曼的父亲一贫如洗。如果以今天的贫穷标准来看，他家的收入一直低于这项水平。祸不单行的是，父母在他高中的最后一年就去世了。靠着州政府提供的奖学金，再加上四处打工，到餐厅当服务生、在商店当店员以及暑期工读等等，弗里德曼不但在大学期间自食其力，还小有积蓄，足以支付研究所第一年的开支。

欧几里德雕塑

缘于对数学的兴趣，弗里德曼原本计划主修数学。当时他还小不懂事，所知道唯一会用到数学的行业，只有保险业的精算师，所以弗里德曼就打定主意要往这一行发展。精算师是一项高度专业的行业，必须通过一系列精算协会的考试，才能取得会员资格。在大学期间，弗里德曼参加过好几次相关的考试，有些及格，有些则没通过。

在没有经过深思熟虑的情况下，弗里德曼选修了几门经济学的课程。也可以说是幸运之神降临，因为那时罗格斯大学经济学系网罗了两位非常杰出的老师，他们对弗里德曼的一生影响重大。其中一位是哥伦比亚大学教授伯恩斯，多年后曾担任美国联邦储备理事会的理事主席。50多年前他初次受业于伯恩斯门下时，伯恩斯正在撰写博士论文，在后来的交往中，伯恩斯不断灌输弗里德曼在科学上求真、精确与一丝不苟的信念，对他日后的学术工作产生重要的影响。另一位改变他一生的老师是琼斯，当时琼斯还在芝加哥大学博士班修业，来罗格斯大学只是兼差性质。他们两位交往了半世纪，成为最亲密的诤友。

罗格斯大学一景

后来琼斯到圣路易的联邦储备银行担任副总裁，负责经济研究工作。琼斯对美国的金融情势了解十分深入，在这项职位上对美国利率的走势发挥了极大的影响力。在所有12家联邦储备银行中，圣路易联邦储备银行的出版品无疑最常被学术研究引用，功劳应该属于琼斯的。

如果不是幸运地结识这两位杰出人物，弗里德曼的一生将会截然不同。也正是由于这个良好的机遇，使他又有了更好的机缘。在大学毕业之后，弗里德曼仍为到底要继续读数学或经济学而彷徨。像所有依赖经济支援的年轻学生一样，他向许多大学申请奖学金或研究助理的职位。在20世纪30年代，学生们所能得到的经济资助和今天的各种优厚的奖学金计划比起来，真是不可同日而语。弗里德曼很幸运地获得两所大学提供的奖学金，分别是布朗大学的应用数学系以及芝加哥大学的经济学系。至于弗里德曼所以能获得芝加哥大学的奖学金，那是因为琼斯向他在该校的老师奈特积极争取的结果。现在想来，面对两者之间的选择，那时弗里德曼不知所措。几乎是到了要用掷铜板来决定的地步。假如自己去了布朗，将会成为应用数学家。由于选择了芝加哥，所以弗里德曼成为了经济学家。就像诗人弗洛斯特所写的，“双岔道自黄树林中分出”。他不能说自己选择的是人迹较少的路，但不可怀疑，弗里德曼所选择的路决定了以后的全部，包括生命。

布朗大学一景

那时，弗里德曼会作那样的选择，并不只是因为经济学在知识上的吸引力，或许这根本并不是主要的原因。伯恩斯与琼斯的影响很大，但也不是唯一的因素。当时的环境与时代，至少应该也一样的重要。他在1932年大学毕业时，正逢美国有史以来最严重的经济大恐慌的谷底，当时最受瞩目的问题就是经济。如何走出衰退？如何降低失业率？如何解释一方面是需求强劲，但另一方面却有广大资源闲置的矛盾现象？在这样的大环境下，要解决当前燃眉之急的问题，作为一个经济学家，应该比应用数学家或精算师更能发挥作用。也应该有这个使命感和责任感。

弗里德曼在芝加哥的第一个学期，也就是1932年秋季，有一门课是由威纳讲授。对弗里德曼而言，这位伟大的老师不但是经济师，也是人师。从专业领域来看，威纳的课程为弗里德曼开启了一个新世界，让他了解经济理论是一套首尾连贯、逻辑完整的知识，绝不是由一些支离破碎的主张或命题拼凑而成。这门课程不容置疑成为他生命中最宝贵的财富。除此之外，在这门课程中，弗里德曼也结识了一位年轻美丽女同学萝丝·戴瑞克特。威纳是以姓氏的英文字母顺序来安排学生的座位。

因此萝丝和弗里德曼比邻而坐，这又影响了他的一生。他们在若干年后结婚，共度幸福美满的生活。这里我们要再提一次机遇的重要性，萝丝在奥勒兰州的波特兰市长大，而弗里德曼则是来自新泽西州的小镇，他们在芝加哥的经济学课堂上相遇。这一切是不可能由任何人事先有意安排的，这是注定的相逢、相守。

那时芝加哥大学的师资阵容，还包括奈特、西蒙斯、明兹、道格拉斯以及舒兹等。经济学界对他们的大名可以说是耳熟能详，但经济学领域以外的人士就未必知道。他们堪称是一群才华卓著而各有专精的经济学家，经过他们调教的研究生也同样出类拔萃。

一年后，弗里德曼回到了芝加哥担任舒兹的研究助理。舒兹那时在芝加哥大学教授统计学及计量经济学，他是哥伦比亚大学数理经济学与统计学教授霍特林的好友。经由舒兹向霍特林推介，弗里德曼获得了哥伦比亚大学的奖学金，所以在芝加哥一年之后，就前往哥伦比亚大学。在那里弗里德曼又碰到了千载难逢的机遇，霍特林的两位研究生斯蒂格勒以及沃利斯恰好是弗里德曼的同僚。斯蒂格勒也是诺贝尔经济学奖的得主，也应邀参加这一系列讲演。不论在友谊上，还是在知识的影响上，斯蒂格勒都令人如沐春风而分外珍惜。大概没有其他的经济学者拥有那么活泼而具原创力的思想以及卓越的文采。斯蒂格勒的经济学可以说是独树一帜，他融合幽默的笔触与文学的气息，来说明经济性的内容。少有经济学者能像斯蒂格勒一样具有这么丰富的创意，又对经济研究的途径产生这么深远的影响。沃利斯后来曾担任芝加哥大学商学院院长，又接掌罗彻斯特大学校长的职位。受到芝加哥以及哥

斯蒂格勒

星光无限

伦比亚两校学风的综合影响——前者重理论，后者重统计与实证研究，弗里德曼的科学工作也大都兼顾理论与实务，也就是包括理论以及对理论内涵的验证。他之所以用“科学工作”一词，就是要刻意将其与萝丝合著的通俗读物有所区分。弗里德曼的博士论文系根据顾志

罗切斯特大学一景

耐所指导的一项研究而写成，顾志耐也是获得诺贝尔奖的美国经济学家，当时任职于国家经济研究局。他所参与的专案计划，用到了有关专门职业所得的资料，乃是当时他在为商务部初次构建国民所得的过程中搜集而来。顾志耐和弗里德曼根据研究结果共同写成了《独立专业之所得》一书。

对弗里德曼的科学工作产生重要影响的，就是第二次世界大战期间积累的经验。大战的头两年——即 1941—1943 年，弗里德曼在美国财政部的税务部门担任经济研究员。实际上，到现在为止，弗里德曼妻子萝丝对他当年参与设计及发展所得税的就源扣缴，一直耿耿于怀。毫无疑问地，在二次世界大战期间，如果不从就源扣缴下手，政府不可能收到那样多的租税。但因为有了扣缴制度，政府部门在战后才能够

苛到更高金额的税收，这是不争的事实。弗里德曼深切地体会到，尽管为了战时的目的，实施扣缴有其必要，但这项制度在战后却产生了一些负面效果。在华盛顿的两年工作中，他在华盛顿政府决策过程中学到甚多，可以说是最为珍贵的经验。可喜的是，弗里德曼在染上政治狂热症之前就已经及早脱身，否则这种病症对志在学术研究的人来说毫无疑问成了不治之症。

第二次世界大战的后两年——1943 年至 1945 年，弗里德曼在哥伦比亚大学战争研究部的统计研究组担任数理统计工作。这次的经验让弗里德曼有机会和来自不同领域的自然科学家共事，否则他不可能和他们有太多的接触机会。

弗里德曼曾在公共政策上扮演非常活跃的角色，并希望能影响公共政策，他也常公开演讲或是撰写有关政策问题的文章。不过在从事那些活动时，他的身份是一位公民——希望是一位学有专精的公民，而与他的科学能力无关。弗里德曼相信，由于具备了经济学上的知识，使他能够对一些议题作更好的判断。但是，基本上，他在科学上及学术上的成绩，不应该由他在公共政策上的活动来作评价。就在宣布弗里德曼获得诺贝尔奖的那天早上，因为先前他答应当天到密歇根州，为该州要求平衡预算与撙节开支的法案修正作巡回讲演，因此必须一早就离开芝加哥。当弗里德曼抵达底特律机场时，负责推动修正案的代表前来迎接，并带他到底特律记者俱乐部参加当天演讲之前的记者会。当他们到达俱乐部的停车场时，看到了现场众多的记者和电视台的人员。当场弗里德曼就说，他很惊讶推动修正案的努力会受到这么多的关注。就在弗里德曼从车子里面走出来时，一位记者伸出麦克风，紧贴在他的脸上说道："你对获奖有什么感想？"他说："什么奖？"记者说："诺贝尔奖。"很自然地，弗里德曼表达了获悉这个消息的喜悦。记者又问："你认为这是你学术生涯的顶峰吗？"弗里德曼说不是。弗里德曼又说，自己的经

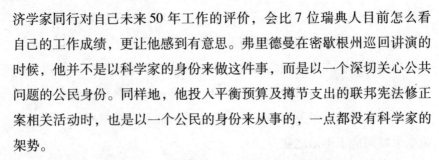

济学家同行对自己未来50年工作的评价，会比7位瑞典人目前怎么看自己的工作成绩，更让他感到有意思。弗里德曼在密歇根州巡回讲演的时候，他并不是以科学家的身份来做这件事，而是以一个深切关心公共问题的公民身份。同样地，他投入平衡预算及撙节支出的联邦宪法修正案相关活动时，也是以一个公民的身份来从事的，一点都没有科学家的架势。

作为一位经济学者，经济学研究是他生命中喜悦与满足的源泉。经济学是一门迷人的学问，而最令人着迷的是，它的基本原理如此简单，只要一张纸就可以写完，而且任何人都可以了解。然而真正了解的人又何其稀少，弗里德曼最后这样说。

第一次外交胜利

顾维钧，字少川，貌美善言。早年留学美国，入纽约州库克学院学英语，第二年便考入哥伦比亚大学，主攻政治和文学。4 年间获文学学士和政治学硕士两个学位，继而获法学博士学位。在留美期间，先后担任了《哥伦比亚月刊》经理和纽约中国留学生会会长。民国时期内政局势几度沧桑，人事更送，而顾维钧这位职业外交家却始终站得很稳，颇令人称奇。

顾维钧 1888 年生于上海。当时的中国正处在鸦片战争后，一步步陷入列强的侵略包围之中，而上海又是一个中外交往非常集中的地方，顾维钧从小就看到了很多中外不平等的状况，也因此从小就有着通过自己的努力来改变中国落后弱小的理想。一次，少年顾维钧经过外白渡桥，看见一个英国人坐着黄包车，急着要去看跑马。拉车上桥本来就累得很，他还用鞭子抽打车夫。顾维钧对此十分愤怒，于是斥责这个英国人说："Are you a gentleman?"

顾维钧

（你还算是个绅士吗?）后来，顾维钧在回忆录中提到这段往事，并说：“我从小就受这些影响，感到一定要收回租界，取消不平等条约。”

1904年，16岁的顾维钧剪辫易服，远渡重洋，留学美国。他选择了在哥伦比亚大学主修国际法和外交。顾维钧的老师约翰·穆尔曾担任美国助理国务卿，有丰富的外交实践经验，他以一个外交官的标准来要求、培养顾维钧。顾维钧在学校成绩非常优秀，曾担任了哥伦比亚大学校刊《瞭望者》的主编，这对于一名留学生是非常难得的。在校的学习，为顾维钧日后成为一名优秀的外交官打下了坚实的基础。

袁世凯

在顾维钧留学期间，有一次发生的事情成为顾维钧成功的开始。作为清朝政府的特使唐绍仪访问美国，在大使馆里接见了40位中国留学生，顾维钧作为学生代表致辞。唐绍仪非常欣赏这个年轻的留学生，认为他是一个可造之材。于是，当袁世凯执政，他出任袁世凯的内阁总理时，他立刻向袁世凯举荐了顾维钧。那时，顾维钧正在准备博士学位的答辩，他的论文还只写了一个序章，邀请他回国担任总统府英文秘书的信件就寄到了纽约。

学业尚未完成，令顾维钧感到为难，他准备拒绝来自北京的邀请。当他把这一情况告诉导师约翰·穆尔，约翰·穆尔却不同意他的选择。约翰·穆尔对顾维钧说：你学习外交就是为了报效祖国，现在有这么好的机会，你应该抓住。于是他让顾维钧把《序章》拿给他看。看过之后，他告诉顾维钧，单独的《序章》写得就很好，就可以作为博士论文来答辩。在导师的理解和支持下，顾维钧顺利拿到了博士学位，于1912年启程回国赴任。多年后，顾维钧回忆起导师时说，约翰·穆尔是对我一生影响最大的人。

顾维钧赴美留学时，还是一个年仅16岁的少年，而8年后他回到中国时，已是一位风度翩翩的英俊青年。顾维钧回国后不久，就由他的岳父张衡山介绍，北上去见唐绍仪。唐绍仪颇为赏识顾维钧的才干，因此向袁世凯推荐任用顾维钧为总统府的英文秘书和翻译。顾维钧翩翩少年，公务之余出入各种社交场所，一个偶然的机会，他邂逅了唐绍仪的女儿唐梅小姐，唐梅对顾一见钟情。有了这层关系，顾维钧开始步步高升，在北京两年，官已至外交部情报司长了。

1914年，第一次世界大战爆发。英德法俄相继投入欧洲战场，无暇东顾，也使日本获得了扩大在华势力的天赐良机。时年8月下旬，日本迫不及待地对德宣战。同年11月，日军占领青岛，接管了德国在山东的权益。对德战事结束后，日本并没有如先前所说的从中国撤军，反而在1915年1月18日，向袁世凯提出了臭名昭著的《二十一条》。顾维钧也正是在这时，第一次正式接触了有关山东问题的对外交涉。

因为害怕其他国家干预，日本在提出《二十一条》时有一个附加条件：不许把中日交涉的有关内容泄露出去。然而，顾维钧感到此时的中国需要外来的支持。于是，他没有征求袁世凯的同意，悄悄把消息透露给了英美。于是，其他国家作出了一定程度的反映，对日本构成了压力。在这种情况下，袁世凯看到对外界作一定透露有助于中国，开始有意地让顾维钧继续透露消息。这一做法最终证明是有一定效果的。

由于顾维钧有着留学美国的背景，了解美国历史、政治和文化，又在这次外交中表现出了不凡的勇气和才能，其后不久，袁世凯任命顾维钧为驻美公使。那一年，顾维钧才27岁，那时的他还有着京城三大美男子之一的美称。这位年轻英俊的外交官成为当时中国最年轻的驻外使节，也是华盛顿有史以来最年轻的外国使节。

顾维钧的一生中，最成功的一幕，就是参加巴黎和会。他外交成绩的发轫在此，名扬四海的创始亦在于此。

1918 年，第一次世界大战结束，巴黎和会即将召开。当人们陶醉在胜利的喜悦之中时，顾维钧却正在为爱妻的去世深深悲痛。此时，顾维钧接到了担任全权代表之一的任命。北京政府任命的代表共 5 人，分别是外交总长陆征祥、南方政府代表王正廷、驻英公使施肇基、驻比公使魏宸组、驻美公使顾维钧。顾维钧因为家事，一度想谢绝任命，但最终，他还是决定为国出使。起程前，顾维钧专程拜访了美国总统威尔逊，威尔逊许诺愿意支持和帮助中国，这让顾维钧对即将开幕的和会多了一份信心和期望。

1918 年深冬，顾维钧抵达巴黎。这一年，他 30 岁。刚到巴黎，代表团就遭遇到了第一个打击——和会席位问题。各个国家被划分为三等，一等的五个大国英美法意日可以有 5 席，其他一些国家 3 席，一些新成立、新独立的国家 2 席，中国被划为最末一等，只能有两个席位，列强仍然把中国看得很低。

威尔逊

虽只有两个席位，但五位代表可轮流出席。在代表团排名问题上，波澜又起。按陆征祥报送北京的名单，顺序依次为：陆征祥、王正廷、施肇基、顾维钧、魏宸组。然而北京政府的正式命令下达时排名却被换成了：陆征祥、顾维钧、王正廷、施肇基、魏宸组，这就引起了王正廷和施肇基的强烈不满，在代表团中埋下了不和的种子。随着和会的进行，代表团内部的矛盾也在不断升级。

中国准备向和会提出收回山东权利问题，但还没来得及，日本先发制人，率先在五个大国的“十人会”上提出德国在山东的权益应直接由日本继承。大会通知中国代表到下午的会上作陈述。代表团接到通知时已是中午。这对于中国代表团又是一个晴天霹雳。

几经周折，确定由顾维钧和王正廷出席。下午的会议作出决定，有关山东问题，由中国代表次日进行陈述。1919 年 1 月 28 日，顾维钧受命于危难，就山东问题作了一次缜密细致、畅快淋漓的精彩发言，从历史、经济、文化各方面说明了山东是中国不可分割的一部分，有力地批驳了日本的无理要求。在他的雄辩面前，日本代表完全处于劣势。各国首脑纷纷向他表示祝贺，顾维钧在国内外一举成名。

这次雄辩在中国外交史上地位非凡，这是中国代表第一次在国际讲坛上为自己国家的主权作了一次成功的演说。

形势对中国本来十分有利，然而，到了 4 月，变化陡生。因分赃不均，意大利在争吵中退出了和会。日本借机要挟：如果山东问题得不到满足，就将效法意大利。为了自己的利益，几个大国最终决定牺牲中国的合法权益，先后向日本妥协，并强迫中国无条件接受。这一事件点燃了五四运动的火种。

面对如此现实，代表团心灰意冷，名存实亡，有的代表离开了巴黎，团长陆征祥住进了医院。和会最后一段时间里，顾维钧独自担当起了为中国作最后努力的职责，一直坚持到和约签订前的最后一刻。然而，不管顾维钧如何努力，都没有结果，中国的正当要求一再被拒绝。保留签字不允，附在约后不允，约外声明又不允，只能无条件接受。如此情况下，顾维钧感到：退无可退，只有拒签，表明中国的立场。他把这一想法汇报给陆征祥，陆征祥同意了他的意见。

于是，1919 年 6 月 28 日，当签约仪式在凡尔赛宫举行时，人们惊奇地发现，为中国全权代表准备的两个座位上一直空无一人。中国用这种方式表达了自己的愤怒。签约仪式的同时，顾维钧乘坐着汽车经过巴黎的街头。他在回忆录中说："汽车缓缓行驶在黎明的晨曦中，我觉得

凡尔赛宫

一切都是那样黯淡。那天色，那树影，那沉寂的街道。我想，这一天必将被视为一个悲惨的日子，留存于中国历史上。同时，我暗自想象着和会闭幕典礼的盛况，想象着当出席和会的代表们看到为中国全权代表留着的两把座椅上一直空荡无人时，将会怎样地惊异、激动。这对我、对代表团全体、对中国都是一个难忘的日子。中国的缺席必将使和会，使法国外交界，甚至使整个世界为之愕然，即使不是为之震动的话。"

巴黎和会悬而未决的山东问题，最终在1921年华盛顿会议上得到了解决。经过36次谈判，中日签署了《解决山东悬案条约》及附件，日本无可奈何地一步步交出了强占的山东权益。在这次会议上负责山东问题并最终虎口夺食的，正是33岁的顾维钧。

这次拒签在中国外交的历史上，具有里程碑式的意义。中国第一次坚决地对列强说“不”，终于打破了“始争终让”的外交局面，最后没有退让。这也是中国外交胜利的起点。以后，中国一步步夺回了丧失的主权。

巴黎和会之后，顾维钧名声大振，他在巴黎和会国联委员会中当选为“小国”五名代表之一，参与拟定国联公约。1920年11月，又作为中国首席代表出席了国联第一次大会。

1922年8月，在各派系的斗争中王宠惠组阁，顾维钧被任命为外交部长。王内阁倒台，顾维钧辞去外交总长之职，转而在孙宝琦内阁任外交总长。1924年10月，冯玉祥发动北京事变，顾维钧辞职并逃到天津租界。1926年5月，他回北京在颜惠庆内阁任财政总长，10月任代理内阁总理及外交总长。不久以后国民革命军因顾维钧支持张作霖政府而下令通缉他，他先逃往威海卫，又去了法国和加拿大。

冯玉祥

1929年，顾维钧回国后至沈阳与张学良共事，张学良劝请蒋介石取消对顾维钧的通缉并归还他的财产。“九·一八”事变后，蒋介石同张学良商谈，要顾维钧到南京去，并派飞机去迎接他。他从那时起才从北洋政府转入国民党政府，又回到外交领域。1934 年，顾维钧任国联大会中国首席代表，后历任驻法、驻英大使。

顾维钧回到重庆时蒋介石对他礼遇倍加。有一次他应蒋介石之约，同赴黄山住了一夜。其间他同蒋介石步行了一个半小时，随走随谈，蒋介石对他招待殷勤备至，送他就寝时还亲自陪往房中检查床褥；出门时必喊人帮助穿大衣并备汽车；他有什么意见时，蒋介石必从抽屉中拿出纸笔记下。顾维钧认为蒋介石的这些举动得力于与宋美龄结婚从而受到了西方的影响，其实是蒋介石当时急需西方的大力支援，对驻外使节则倍加笼络罢了。

董必武

顾维钧早在一战时期就非常关心成立一个组织以维持世界和平的问题，他是中国政府中最早敦促国家关注这一问题的人之一。1944 年 9 月，顾维钧以首席代表身份出席了顿巴登橡树园会议第二阶段的会议，这个会议提出了战后建立一个国际组织——联合国。1945 年 3 月，顾维钧作为中国代表，出席了在旧金山召开的联合国国际组织会议。他代表中国于 1945 年 6 月 25 日，在旧金山退伍军人纪念堂举行的签字仪式中第一个签字，使中国成为四个发起国中第一个在联合国宪章上签字的国家。

在组团参加旧金山会议时还有一个小插曲。当时顾维钧主张代表团应具有广泛的代表性，摒弃内政上的歧见，可包括各党各派的代表。他提出请董必武作代表，他任驻法大使时在巴黎曾与董必武有一面之缘，董必武通晓国际事务、和蔼可亲、善于辞令等给顾维钧留下了深刻印象。最终，在罗斯福总统的要求下，董必武以共产党代表的身份出席旧金山会议。顾维钧在联合国宪章上庄重签字时，董必武就站在他身旁。旧金山会议后，顾维钧任联合国筹备委员会的中国首席代表。

1949 年，国民党政权在大陆的统治已进入最后期限，而顾维钧也面临着他外交生涯中最为尴尬困窘的一页。他请求美国政府指示驻华大使司徒雷登留驻广州，又请求美国拨款以帮助国民政府稳定军心应付财政问题，都遭到了无情的拒绝。1956 年初，叶公超传达了蒋介石要他去台湾议事的指令，顾维钧以一个外交官的敏感意识到自己已到辞职的时候了。回到台湾，顾两次拜谒蒋介石，他开诚布公地说："我已像一匹老马，体衰力竭了。"而蒋介石也并不表示挽留。后来，通过张群之口委任他为"总统府"资政，住在美国。就这样，顾维钧告别了外交舞台。这一年，他已是 68 岁的老人了，在纽约郊外的佩勒姆庄园租了一所住房，过上了隐士般的生活。

平静的生活并未持续多久。1956 年 7 月，顾维钧突然收到了来自台湾的电报，叶公超在电文中希望他同意由台湾驻海牙常设仲裁法庭代表提名他为候选人，参加联合国进行的国际法院法官的选举，以替补由于徐谟逝世遗留下的空缺。国际法官地位尊崇，待遇优厚，顾维钧欣然同意了。

在他担任国际大法官期间，撰写回忆录的工作也断断续续地开始了。早在 1956 年，他退休之初，就有哥伦比亚大学出版社、麦克米伦出版公司、道布尔戴出版社邀请他写回忆录了。从他开始外交生涯以来，他就坚持写下每日大事，上至政治事件，下至生活细节，从不间断，即使公务繁忙无暇动笔，也肯定会事后补齐。不仅如此，他还保存有历年外交档案副本，包括给当时政府的报告，政府训令和他与英法美等国政要及工商界巨子的谈话、演讲稿、剪报、秘密卷宗等等，可谓资料翔实。

这部口述史学巨著的编写工作得到了哥伦比亚大学的帮助。哥伦比亚大学柯克校长的继承人麦基曾对《顾维钧回忆录》这样评价："顾博士的回忆不仅有极详细的记述与评论，更有极高的文献价值，因为他在政治、外交、国际公法各方面都有崇高地位，他是哥伦比亚大学杰出的老校友。"

在顾维钧的晚年，除每周三次的编撰工作外，生活是平静而轻松的。偶然也打打"卫生麻将"，他出牌从来不费什么思索，也不在乎输赢，纯粹消遣，与当年做外交官时毫厘必争的心境已大为不同了。

1972 年 9 月，出席第二十七届联大的中国代表团成员章含之受毛泽东之托曾拜见过顾维钧，故人之女的来访使他异常高兴，他询问了大陆很多的情况。而对来自祖国的热情邀请，他既兴奋又遗憾，因为当时条件不成熟，他未能回国一访。在身居美国的几十年间，顾维钧始终未加入美国国籍，他的心一直牵记着那太平洋的彼岸，他曾满怀深情地说："我常心怀中国，我知道，中国将会统一的。"1985 年 11 月，就在 97 岁华诞即将来临时，顾维钧仙逝于纽约寓所。

章含之

顾维钧去世后，我国政府发来唁电，电文中说："顾老为我国杰出的外交家，业绩显著，我们忝属后辈，素所景仰，晚年回忆录正在出版，对我国外交学界贡献卓著，尤所钦佩。"中国台湾方面对顾维钧的一生事业也大加赞赏，海峡两岸对他评价的一致性，在我国现代史上实属少见。

顾维钧一生最后一天的日记只有一句话：“这是平静的一天。”当97岁高龄的他离别这个世界时，中国与世界的关系，已不再是弱国外交。

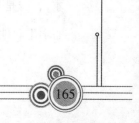

计算机天才

1961年出生在台湾省的李开复，是父母的老来子，生他的那一年，他父亲55岁，母亲44岁。李开复11岁时被送到美国田纳西州读书，1983年从哥伦比亚大学计算机系毕业，随后到美国卡内基梅隆大学攻读硕士和博士学位。

在哥伦比亚大学，他凭借其聪慧的头脑而令同校师生刮目相看。目前已经是名满天下的这位华裔学者生于中国台北，少时游学美国。在遥远的大洋彼岸，他通过不分昼夜的寒窗苦读，为自己日后的巨大成功奠定了坚固的基石。学生时代的他涉猎极广，才艺不凡。在成为计算机专家之前，他已是睥睨北美的桥牌高手。

李开复

没有人想到，这位被苹果公司总裁称为“我错过的最优秀的技术人才”，曾是哥伦比亚大学一名法律系的学生。他曾一心想成为数学家，后来，又一心想当一位出色的政治家，最终成为哥伦比亚大学法律系的大一学生。按理说，进入无数人梦寐以求、在全美排名前三的哥大法律系，接下来就该心满意足地享受天之骄子的荣耀，按部就班地成为一个收入丰厚、受人尊敬的律师。然而，经过一年多的学习，李开复逐渐发现，自己无法全身心地喜爱数学和政治，学习成绩也只能在中游徘徊。与此同时，他接触了方兴未艾的计算机，并且一下子迷上了，他跑去旁听计算机系的课程，到计算机中心打工，找计算机系助教切磋，每天疯狂地编程，很快，他对计算机的热爱引起了老师、同学的注意。

卡内基梅隆大学

终于，大二的一天，李开复作了他人生中重要的一个决定，放弃此前在法律系一年多来已经修得的学分，转入当时刚成立一年不到的哥伦比亚大学计算机系。哥伦比亚大学计算机系当时默默无闻，现在同样也不有名。可是他告诉自己，人生只有一次，不应浪费在没有快乐、没有成就感的领域。当时，好心的朋友和老师对他说，改变专业会付出很多代价。李开复这样回答他们，“做一个没有激情和兴趣的工作，付出的代价更大。”“当你对某个领域感兴趣时，你会在走路、上课或洗澡时都对它念念不忘，你在该领域内就更容易取得成功。更进一步，如果你对该领域有激情，你就可能为它废寝忘食，连睡觉时想起一个主意，都会跳起来。”李开复是这样描述自己选择后的畅快和激情。

在位于匹茨堡的卡内基梅隆大学任助教期间，李开复以精深的、创造性的研究成果享誉全球。就在这里，他开创性地运用统计学原理开发出世界上第一个“非特定人连续语音识别系统”，开发出的“奥赛罗”人机对弈系统，李开复也因为1988年击败了人类的国际象棋世界冠军而名噪一时。

在苹果公司工作的六年时间里，他主管多媒体技术研发，计算机迷们所熟悉的Quick Time系列音频产品就是他们的一项研究成果。他还担任过SGI公司的多媒体软件子公司Cosmo Software的总裁，负责多平台、互联网三维图形和多媒体软件的研发工作。

比尔·盖茨

1998年，业已加盟微软公司的这位华裔天才学者回到魂牵梦萦的故里，参与了缔造微软中国研究院的全过程，研究院形成目前这样一种人才济济、百花齐放的局面，与作为首任院长的他的努力直接相关。目前，李开复已是微软公司的副总裁，比尔·盖茨的所谓“七人智囊团”的一员干将。

1998年的夏天，李开复空降北京，用他的话来说，“吃了5个闭门羹”，单枪匹马却雄心勃勃。8000万美元的投资，在中国建立微软亚洲研究院。研究院的创立，是李开复又一次坚定履行自己的人生目标——让自己的正面影响力最大化，可以在中国实现得更好。他明白，虽然自己也能成为一个出色的创业者，但是，这样的创业者在硅谷有上千个。如果回到中国来，做一番有影响力的事业，帮助中国青年，这一点，他坚信自己一定可以做得比任何人都要好。在微软中国研究院的那些日子，李开复曾经满怀深情地表示：中华民族是世界上最富有智慧的民族。中国人的聪明才智，整个世界有目共睹。他一定要将微软中国研究院办成世界一流的，亚洲最好的计算机基础研究机构；他要让一些一流的基础研究成果，最早在中国成为现实，让中国同行首先成为相关技术的受益者；他要为优秀的中国学者提供最好的科研条件，让他们一开始就站在国际前沿从事研究工作。

曾经是苹果电脑公司举足轻重的技术专家，曾经是微软中国研究院功勋卓著的首任院长，在学术领域，他是攻坚挫锐的科研天才；在管理层面，他又是运筹帷幄的领军人物。作为一位天资卓越同时又深谙御下之道的华裔学者，他正在创造着一个又一个奇迹。

李开复曾经说：“华人在美国公司里公认是技术最好的。”他认为，一个人的领导素质对于他将来的治学、经商或从政都是十分重要的。在任何时候、任何环境里，都应该有意识地培养自己的领导才能。

李开复讲起了一个小故事：“我在苹果公司工作的时候，有一天，老板突然问我什么时候可以接替他的工作？我非常吃惊，表示自己缺乏像他那样的管理经验和能力。但他说，这些是可以培养和积累的，他希望我两年后可以做到。有了这样的鼓励，我开始有意识地加强自己在这方面的学习和实践。果然，我真的在两年之后接替了他的工作。”

情商高，也是李开复认定自己事业发展良好的原因。“情商分很多方面，我觉得自己在有些方面做得蛮不错，有些方面做得比较差一些。比如说在与人沟通方面我做得比较好，不会轻易打断别人的话；让人信任这一点做得也还好，我会以诚恳的方式表达；我有自知之明，遇到自己不能做好的事情勇于承认；还有，我有自控能力，不会想到什么就讲什么，虽然我也是很诚恳地表达想法，但我更希望用建设性的方法沟通，而不是一言不合就吵起来。此外，我有同情心和怜悯心，有很人性化的表现，而不是表现出很霸道的样子。比较差的方面是社交能力，如果把我丢进一个人都不认识的鸡尾酒会里，我永远也做不到很迅速地与人打成一片，如鱼得水。”

从父亲身上继承了浓厚的中国情结，充分成就了李开复的个人魅力。李开复的父亲曾任台湾政大历史系教授，对国学颇有研究，他身上的儒雅品格也不知不觉潜入李开复的心灵。

“从小到大，只要长辈一进房间，我们马上起立问候。记得我 11 岁去美国读书，临行前父母嘱咐我每周要写一封家书，让我千万不能忘记中文，忘记我的根！是父母教导了我什么是礼义廉耻、什么是诚信孝道，是他们赐予了我做人的品格和对中国的热爱。”

基于中国传统的父子关系情况，李开复与父亲一直不算很密切，隔海通信时言语也很毕恭毕敬，但在幼小的开复心中，父亲是道德和正义的化身。

“在父亲的书房中有钱穆写的十字条幅：有容德乃大，无求品自高。父亲过世后，他珍爱的这个十字条幅便留给了我，我十分珍惜，一直把它挂在客厅墙上。我每天看着它，试着去理解它，慢慢地我明白其实父亲早就潜移默化地影响了我。有一些中国朋友对我说，开复你只是一个教授，没有领军打仗的魄力，怎么能在微软这么大的团队中管住那些充满激情的员工呢？实际上不管在中国还是在美国，员工对我都很服。他们认为我有耐心去容忍和理解手下的想法，其实这些年也没有人提醒我要这么做，这大概就是中国传统文化中的‘容’。”

李开复说自己来中国大陆工作也许是父亲冥冥中的安排。“父亲忧国忧民之心终生不渝，他病中曾做一梦，在水边一块石头上拾到了一方纸，上面写着‘中华之恋’四个字。临终前姐姐问他的心愿，他说，‘写一本书——中国人未来的希望’。我最后一次见到父亲时，告诉父亲不用担心，我会帮他出版这本未完成的书，父亲只是用深邃的目光看着我。后来我理解到，父亲的希望并不是出版那本书，而是让我作为他的儿子，帮他完成他没有做完的事。”

事实证明，在中国的短短两年，李开复获得了巨大成功。比尔·盖茨曾这样称赞他：“在微软中国研究院，我们拥有多位世界一流的多媒体研究方面的专家。”可是，2005 年的 7 月 5 日，他走进了比尔·盖茨的办公室，第一句话就是：“I need to follow my heart.”这一次听从内心的想法，使他离开了根深叶茂的微软，放弃了显赫的微软全球副总裁的身份，加入了相对幼小的 Google。

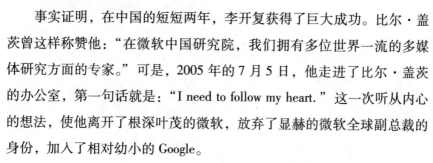

那时，李开复在中国大陆向新的事业高峰发起冲击。熟悉中国市场的李开复是 Google 中国区总裁的不二人选。在美国，Google 将搜索引擎技术几乎做到了极致，“梦幻 Google”深入人心。而在万里之外的中国，李开复又要率领他的团队全力打造一个“梦幻中国版 Google”。

李开复创立了“开复学生网”，给每月数以万计的访问者，给更多处在迷茫、选择时期的中国学生指点。他不惜放弃熟悉的英文操作，耗费大量时间学习用电脑输入中文，为中国学生和家长写了一封又一封长信。他给国家领导人李岚清写信，为中国教育发展出谋划策……很多人认为他“不务正业”，在中国学生身上花费了太多时间，李开复却说：“我看到很多中国学生的生命被浪费了，觉得很可惜。”难怪中国前国务委员宋健这样评价李开复，“若干年后，人们尊敬开复的不仅是他的科学贡献、事业成就，更有他对青年一代的热忱、爱心和奉献。”